Kirstin Wulf

Dann geh doch zur Bank und hol dir welches!

Rätselraten ums Geld im Elternhaus

||| Cividale Verlag

Die Autorin

Kirstin Wulf wurde 1967 geboren und wuchs auf einem Bauernhof in der Nähe von Lüneburg auf. Sie ist diplomierte Politikwissenschaftlerin und war Dozentin an der Freien Universität Berlin. In dieser Zeit hat sie ihren Blick für Zusammenhänge zwischen Politik, Volkswirtschaft und Gesellschaft geschärft – den sie mit einer Ausbildung zur PR-Beraterin um den Bereich Kommunikation ergänzte. Seit 2011 ist sie selbstständig als Über-Geld-Sprecherin tätig, arbeitet mit Eltern und ErzieherInnen ebenso wie mit Kindern und Jugendlichen. Kirstin Wulf hat zwei Söhne (*1999, *2002).

1. Auflage
© Cividale Verlag Berlin, 2016
Kontakt: info@cividale.de
Website: www.cividale.de
ISBN 978-3-945219-18-8
Umschlaggestaltung: Nina und Christoph von Herrath
Satz: Matthias Liesendahl
Druck: Sowadruk, Piaseczno, Polen

Das Werk einschließlich aller Teile ist urheberrechtlich geschützt.
Jede Verwertung außerhalb der engen Grenzen des Urheberrechtsgesetzes
ist ohne Zustimmung des Verlages unzulässig und strafbar. Das gilt
insbesondere für Vervielfältigung, Mikroverfilmungen und die
Einspeicherung und Verarbeitung in elektronischen Systemen.

Inhalt

Vorwort	6
Geld – für Kinder ein Rätsel	**14**
Vom Umgang mit Geld – eine Einführung	15
Wie lernen Kinder den Umgang mit Geld?	47
Eltern machen Geld zum Rätsel	66
Das Rätsel und seine Folgen	95
Lasst uns das Thema Geld enträtseln!	**114**
Mund aufmachen – tut auch nicht weh!	115
Unsere eigene Geschichte – ein machtvoller Faktor	127
Erwachsenen-Alltag – dem Leben über die Schulter schauen	140
Gefühle – was meldet sich denn da zu Wort?	153
Werte ohne Besitz – was uns wirklich wichtig ist	176
Verantwortung durch Handeln – Konsequenzen des eigenen Tuns	189
Voraussetzungen dafür, dass Geld für Kinder kein Rätsel ist	**204**
Endnoten	212
Literaturverzeichnis	226

Für Anne Wallisser

*Wenn wir an uns arbeiten, beschenken wir uns mit immer neuen Perspektiven auf unser Leben. Klingt pathetisch – aber diese Erfahrung durfte ich machen.
Danke für all die Anregungen!*

Vorwort

Geld ist allgegenwärtig. Es bestimmt weite Teile unseres Lebens und ist für die meisten von uns nicht irgendein Thema, sondern ein hoch emotionales. Und viele von uns haben eine negative Einstellung zum Geld.

Als Über-Geld-Sprecherin mache ich Eltern, Großeltern, Pädagogen, Kindern und Jugendlichen das Angebot, über Geld zu reden.

„Wie bitte? Warum denn das?", werden Sie vielleicht fragen. „Verkaufen Sie Versicherungen, Kredite oder Anleihen? Sind Sie ‚so eine'?"

Nein, das tue ich nicht. Ich hatte jahrelang beruflich nichts mit dem Thema Geld am Hut. Lebte ein Leben, in dem Geld zwar eine Rolle spielte, aber nie die Hauptrolle. Als Kind wuchs ich auf einem Bauernhof in der Lüneburger Heide auf; wir hatten nie viel. Auch in meiner Zeit als Studentin war mein Budget begrenzt. Dennoch wog die Freiheit in der großen Stadt Berlin dieses Defizit auf. Ich studierte Politik, lernte Russisch, jobbte, reiste, lebte in WGs und in Hinterhofwohnungen mit Kohleofen. Später pendelte ich für meine Arbeit, nahm viele Strapazen auf mich. Ich bekam zwei Kinder, musste Familie und Beruf miteinander vereinbaren, trennte mich vom Vater meiner Kinder und schlug mich durch. Geld war „irgendwie" da, mal ging es aufwärts, zwischendurch auch mal abwärts.

Es war das Leben mit meinen Kindern, das mich dazu brachte, bewusster über Geld nachzudenken. Wie wachsen Menschen mit Geld auf? Welche Bedeutung hat es in ihrem Leben? Wie erwerben sie die vielen Kompetenzen, die sie für einen guten Umgang mit Geld benötigen? Und welche können sie durch einen guten Umgang mit Geld erlangen? Warum braucht es den gerade heute? Welche Rolle spielen die Eltern in diesem Prozess – und welche die

Konsumgüterindustrie, Werbung und Handel? Was glauben wir von deren Botschaften? Werden wir mit einem Produkt oder einer Dienstleistung schöner, glücklicher oder beliebter? Wie ist es für unsere Kinder, in dieser Welt aufzuwachsen? Wie schaffen wir es, ihnen das Rüstzeug mitzugeben, damit sie später ihren Weg gehen, für sich, ihre Familien und die Gesellschaft Verantwortung übernehmen, für sich sorgen können, das „richtige" Maß zwischen Verzicht und Überfluss finden? Welche Bilder vermitteln wir ihnen vom Leben? Und welche machen sie sich selbst davon? Kinder träumen nicht selten von Karrieren als Fußballer wie Ronaldo oder Messi, vom Ruhm einer Musikikone wie Rihanna oder der Bekanntheit eines Schauspielers wie Elyas M'Barek. Viele Kinder wollen in wenigstens einer Phase ihres Lebens reich und berühmt sein. Wie und wann beschäftigen wir uns gemeinsam mit unseren Kindern mit solchen Fragen? Und wie klären wir zunächst für uns selbst, was wir ihnen mitgeben wollen? Wie sollen sie werden? Was ist uns wichtig? Was haben wir von unseren Eltern gelernt?

Das Leben mit Kindern ist immer eine Herausforderung. Ihnen soll es gut gehen, es soll ihnen an nichts fehlen. Unsere Aufgabe ist auch, sie auf das Leben vorzubereiten. Darauf angesprochen, sagen viele Eltern, dass sie sich bemühen, sich mit den vielen Fragen des Lebens bewusst auseinanderzusetzen: Ernährung, Bewegung, Bildung, Medien, soziales Lernen. Das Thema Geld gehört aber oft nicht dazu, obwohl es eine so große Bedeutung in unserem Leben hat. Viele blocken bei diesem Thema sogar ab. Da Geld und Konsum allgegenwärtig und mitunter erdrückend sind, uns außerdem ständig in Berührung mit allen möglichen Gefühlen bringen, ist es fast ein Reflex, sich dieser Dominanz zu entziehen, alles, was damit zu tun hat, lieber nicht so genau zu betrachten, es nicht so wichtig zu nehmen. Natürlich können wir warten, bis unsere Kinder das Thema von selbst anschneiden, statt sie früh in den finanziellen Alltag der Familie einzubeziehen. Wir können versuchen, sie von der Übermacht des Geldes fernzuhalten, indem wir „bewusst" darüber schweigen.

Doch dann twittert Naina, eine 17-jährige Schülerin, und wühlt uns auf.[1] Wir haben den Eindruck, sie klagt an. Sie schreibt, sie wolle mehr vom Leben wissen. Sie habe keine Ahnung von Steuern, Miete und Versicherungen. Niemand habe ihr erklärt, wie das Leben funktioniert. Junge Menschen wie Naina kenne ich viele.

Versäumen wir es als Eltern, den Alltag mit unseren Kindern von Anbeginn zu teilen, sie nicht nur zu guten Noten in der Schule zu bewegen? Können sie staubsaugen, ein warmes Gericht kochen, das Badezimmer putzen, einen Knopf annähen, Kartoffeln ernten, ein Bild an der Wand anbringen, alleine einkaufen, Petersilie von Basilikum unterscheiden, beim Hausmeister in der Sporthalle nachfragen, ob der verlorene Pulli gefunden wurde, drei Tage ohne Handy auskommen, sich das Taschengeld einteilen, einen Ausflug planen, Wäsche waschen, aufhängen und zusammenlegen, sich einen Schülerjob suchen, ein Baby in den Armen halten, eine Fahrkarte kaufen und alleine mit dem Bus fahren, auf etwas verzichten oder längere Zeit warten? Lernt Ihr Kind diese Kompetenzen zu Hause?

Mit Geld umgehen zu können, ist ebenfalls eine wichtige Alltagskompetenz. Wir arbeiten, rechnen, planen, wägen ab, schieben auf, verschenken, fragen nach, führen Buch, bezahlen Rechnungen, kaufen ein, sind enttäuscht, neidisch oder geizig. Wir merken gar nicht, was der Umgang mit Geld konkret von uns verlangt – und in welchem Verhältnis er zu den anderen alltäglichen Aufgaben des Lebens steht.

Wie bereiten wir unsere Kinder nun auf einen guten Umgang mit Geld vor? Und was heißt überhaupt „gut"? Geht es nur darum, in Zukunft keine Schulden zu machen? Zu lernen, wie man gut mit Geld umgeht, ist nicht nur denen vorbehalten, die viel Geld haben. Die Tendenz, dieses Thema auszuklammern, findet sich in allen gesellschaftlichen Schichten. Hat es die Konsumgüterindustrie mit ihren Botschaften geschafft, uns müde, unaufmerksam und unkritisch zu machen? Soll es uns einfach nur gut gehen, sollen wir entspannen, genießen, dazugehören? Sind wir noch die Hüter der Tugenden, die unsere Kinder nicht nur beschützen, sondern vor allem von innen stärken sollen? Oder haben wir kapituliert? Haben wir verlernt zu kämpfen? Ist es der richtige Weg, unsere Kinder von der Welt, die uns umgibt, möglichst lange fernzuhalten? Was ist wichtig im Leben? Und wie finden wir das heraus?

Lasst uns anfangen darüber zu sprechen, was echter Schutz überhaupt ist. Selbst wenn wir nicht jede Werbesendung anschauen, nicht jede Anzeige lesen, nicht jeden Einkauf tätigen, müssen wir feststellen, dass das, was wir kritisieren oder kritisch beäugen, längst Teil unseres Lebens geworden ist. Die Welt um uns herum ist nicht mehr die unserer eigenen Kindheit. Das können wir beklagen – oder aber akzeptieren und verantwortungsvoll damit umgehen. Und dazu gehört der Dialog mit unseren Kindern.

Die direkte Auseinandersetzung mit den Prinzipien des Konsums und des Geldes stärkt Kinder nachhaltig. Wollen wir also weiterhin – wenigstens teilweise – unsere Entscheidungsspielräume behalten, wollen wir weiter in vielen Situationen „die Wahl haben", dann müssen wir hier und da bewusster hinsehen. Das gilt für uns als Erwachsene und insbesondere für das Zusammenleben mit unseren Kindern.

Ich wünschte, ich hätte eine andere Botschaft. Gerne würde ich sagen: Entspannt euch, alles wird gut! Ich möchte nicht, dass das Leben ein permanenter Kampf ist. Aber angesichts des immer größer werdenden Bedürfnisses vieler Eltern nach Ruhe und Erholung muss ich feststellen: Es gibt leider nicht nur Sonnenschein. Und deshalb trete ich dafür ein, dass wir Eltern intensiver, kritischer und bewusster mit den Themen Geld und Konsum in der Familie umgehen – früh, altersgerecht und kreativ, für uns und unsere Kinder.

„Du verkaufst Arbeit", sagte neulich eine gute Freundin zu mir. „Das will doch niemand hören!"

Das könnte sein. Aber dann dachte ich an Tom Sawyer, der es schaffte, seine Pinselarbeit am Zaun als großen Spaß zu präsentieren. Die Nachbarskinder sahen seine – gespielte – Leidenschaft, die ansteckend wirkte, und boten ihm ihre ungewöhnlichsten Habseligkeiten, nur um selbst einmal streichen zu dürfen. Bald war die Arbeit getan und Tom im Besitz vieler neuer Gegenstände: „Am frühen Nachmittag war aus Tom ein steinreicher Junge geworden. Vor ihm lagen Schätze wie ein gut erhaltener Drachen, eine tote Ratte, zwölf Murmeln, eine blaue Glasscherbe zum Durchsehen und vieles mehr. […] Ohne es zu wissen, hatte er entdeckt, dass man, wenn man eine Sache als unerreichbar darstellt, die anderen dazu bringt, sie tun zu wollen. Wäre Tom ein großer weiser Philosoph gewesen, dann hätte er jetzt verstanden, dass eine Arbeit nur lästig ist, wenn man sie tun muss. Wenn man sie jedoch freiwillig tut [...], dann macht sie Spaß."²

Es ist nicht unmöglich, seinem Kind einen guten Umgang mit Geld zu vermitteln. Doch ich will Sie, liebe Leserinnen und Leser, auch nicht mit falscher Leidenschaft locken. Ich verspreche Ihnen eine Menge Anregungen. Denn in diesem Thema stecken neben der großen Notwendigkeit auch viel Freude und Kreativität. Aber vielleicht sind Sie weise Philosophen! Sie haben verstanden, dass Sie in kleinen Schritten vorgehen können – und dass Sie es freiwillig tun sollten. Dann werden Sie Spaß am Thema Geld und am Geld-Alltag mit Ihren Kindern haben. Dafür möchte ich auch keine Murmeln, Glasscherben oder tote Ratten. Nur, dass Sie weiterlesen.

Ich habe mich übrigens entschlossen, auf das allgemeine Gendern von Berufen zu verzichten. Wenn ich von Lehrern schreibe, meine ich selbstverständlich auch die Lehrerinnen! Das ist keine Missachtung, ich finde es so nur einfacher zu lesen. Und noch etwas: Meine Familienangehörigen, Kita-Leiterin Astrid und Werber Andreas aus Berlin, gibt es wirklich. Alle anderen erwähnten Personen gibt es natürlich auch, allerdings habe ich ihnen einen neuen Namen gegeben.

Geld – für Kinder ein Rätsel

Vom Umgang mit Geld – eine Einführung

Wenn ich Gesteinsbrocken vom Mars auf der Erde verkaufe, bin ich reich", sagt mein Sohn Lennart zu mir.

„Warum?", will ich von ihm wissen.

„Weil es die hier bei uns nicht gibt, Mama. Ich kann die Steine sehr teuer verkaufen und habe dann viel Geld."

Was für eine Idee! Ich frage mich, wie er darauf kommt. Er ist doch erst fünf Jahre alt. Muss ich mir Sorgen machen? Spricht ein zukünftiger Kapitalist aus ihm? Doch seine Überlegung macht mich neugierig. Ich fange an, mich damit auseinanderzusetzen, wann und wie Kinder den Umgang mit Geld erlernen. Was sie damit verknüpfen, welche Faszination für sie von diesem Thema ausgeht. Es ist der Beginn einer Beschäftigung, die ich – Jahre später – zu meinem Beruf machen werde.

Was ist eigentlich Geld?

Angenommen, mein Sohn würde es zum Mars schaffen, um sein Vorhaben umzusetzen. Er fängt an, zu graben und zu buddeln, damit er besonders schöne Exemplare mit nach Hause nehmen kann. Plötzlich hört er eine Stimme. Er schaut auf und sieht einen Marsmenschen. Lennart ist gar nicht überrascht, denn er ist davon überzeugt, dass es Leben auf anderen Planeten gibt. Durch einen Zauber können die beiden sich sogar unterhalten.

„Hey", sagt der Marsmensch, „was machst du hier?"

„Ich sammle schöne Steine von eurem Planeten", erklärt ihm Lennart.

„Warum denn das? Die sind doch gar nichts Besonderes, hier gibt es ja nichts anderes."

„Ja", sagt Lennart, „aber bei uns gibt es nur Erdsteine.

Marssteine hat noch niemand gesehen, deshalb werden die Menschen auf der Erde auch ganz scharf auf meine Mitbringsel sein. Dann bekomme ich dafür sehr viel Geld."

„Oh", erwidert der Marsmensch, „das ist bestimmt etwas sehr Schönes."

„Na ja", sagt Lennart, „nicht wirklich, obwohl es auch viele schöne Geldstücke und -scheine auf der Erde gibt. Aber ich werde dann sehr reich sein und kann mir alle Sachen kaufen, die ich haben will. Zum Beispiel ein neues Raumschiff, damit ich das nächste Mal schneller und bequemer zum Mars fliegen kann."

Der Marsmensch überlegt. „Also, du bringst Steine auf die Erde, bekommst dafür dieses Geld, und das brauchst du, um ein Raumschiff zu erhalten? Aber warum geht das nicht anders? Du könntest doch auch die Steine dem Raumschiff-Verkäufer geben, oder?"

„Nee, das heißt tauschen", sagt Lennart. „Bevor das Geld erfunden wurde, haben die Menschen getauscht: einen Hasen gegen einen Fisch oder einen Topf gegen ein Fell. Aber irgendwann wurde das zu schwierig."

„Warum?"

„Weil nicht jeder das hatte, was der andere brauchte oder wollte. Und manchmal waren die Transporte zu schwer oder etwas war verfault, bevor es zu Hause ankam. Mit dem Geld ist das viel einfacher: Hase gegen Geld, Geld gegen Fisch. Erst haben die Menschen Muscheln oder wertvolle Edelsteine als Geld benutzt. Sie brauchten was, wovon es nicht viel gab und was sich nicht einfach nachmachen ließ."

„Und dieses Geld, findet man das auch bei euch? Wie Muscheln oder Edelsteine?"

„Nein, das Geld machen die Präsidenten auf der Erde. Damit können wir nicht nur tauschen – also einkaufen –, sondern auch sagen, wie viel uns etwas wert ist. Die Marssteine werden den Menschen viel Geld wert sein, weil sie die nicht kennen und unbedingt haben wollen. Viel wert sein heißt viel Geld kosten."

„Du meinst, unsere Steine hier kosten bei euch ganz viel von diesem Geld?"

„Na klar, die hat ja sonst keiner!"

„Und viel Geld heißt viel wert sein?"

„Na ja, ich habe auch Sachen, die sind für mich viel wert, aber nicht für andere. Die kosten also auch nicht viel Geld. So was wie mein Lieblingsspielzeug. Hast du auch so was?"

„Ja, mein Marsmobil."

„Siehste! Wir können jedenfalls durch die Preise unterschiedliche Sachen miteinander vergleichen, die wir verkaufen und kaufen. Und wir rechnen die Preise zusammen und überlegen, was wir uns kaufen wollen und was wir uns leisten können." Lennart hört gar nicht mehr auf, dem Marsmenschen, der wie gebannt zuhört, das Geld zu erklären. „Geld passt in jede Tasche. Es ist klein, leicht und wird nicht schlecht. Und es gibt noch einen Vorteil: Das Geld ist immer gleich viel wert. Die Steine nicht. Denn vielleicht kommen jetzt noch andere Menschen auf die Idee, zum Mars zu fliegen, wenn sie sehen, dass es für die Steine viel Geld gibt. Dann wird es irgendwann auf der Erde sehr viele Steine vom Mars geben und sie werden immer weniger wert sein. Daher wird sich auch der Preis ändern. Das ist bei Geld anders. Wenn ich es noch nicht gleich ausgeben möchte – vielleicht warte ich auf das nächste Mega-Raumschiff –, dann lege ich es in ein Glas und spare. Das heißt, ich sammle das Geld."

Der Marsmensch überlegt. „Aber wenn immer mehr Präsidenten immer mehr Geld machen, wird es ja auch immer weniger wert, oder?"

„Ach, ich bin doch erst fünf. Das weiß ich nicht so genau. Die Menschen bekommen Geld, wenn sie arbeiten. Arbeit bedeutet, man tut etwas, wofür man Geld kriegt. Man kann Dinge herstellen und verkaufen oder anderen Menschen bei etwas helfen. Ich kann zum Beispiel dein Marsmobil sauber machen und du gibst mir dafür Geld."

„Au ja, das ist auch mal wieder nötig ..."

Erste Erfahrungen von Kindern mit Geld
Schon kleine Kinder wissen um die Macht, die von Geld ausgeht. Legen die Erwachsenen Geld in Münzen oder Scheinen auf den Tisch, den Tresen, die Theke, dann bekommen sie etwas anderes dafür. Manchmal ist es bunt, manchmal groß, manchmal lecker.

Carlos ist Mitte 20 und hat eine zweijährige Tochter. Erst vor Kurzem ist er mit seiner Familie nach Berlin gezogen. Vorher lebten sie in Südafrika. Dass das Thema Geld für ihn und seine Tochter in Zukunft wichtig werden könnte, merkte Carlos, als er seine kleine Tochter noch in Südafrika dabei beobachtete, wie sie Geld aus seiner Tasche nahm, damit einen langen Weg zu einem anderen Haus ging und dort klopfte. „Dazu ist es gut zu wissen", erzählt er, „dass wir in einer Gegend gewohnt haben, wo in vielen kleinen Häusern unterschiedliche Lebensmittel verkauft wurden, wie Brot, Milch oder Eier." Carlos beobachtete also seine Tochter und staunte, als er merkte, dass sie – sobald sich die Tür des Hauses geöffnet hatte – das Geld einer Frau gab und dafür eine Handvoll Bonbons bekam. „Sie hat schon früh kapiert, wie das mit dem Geld funktioniert, auch wenn sie noch weit davon entfernt war, den Wert des Geldes zu bemessen. Wir haben gar nicht im Blick, wie früh auch kleine Kinder diese Mechanismen verstehen."

Wenn Kinder Geld sehen und auch, was wir damit machen, begreifen sie recht schnell, dass es sich beim Einkaufen um ein Tauschgeschäft handelt: Die Süßigkeiten oder das Eis gibt es eben nur für Geld, und das kommt von Mama, Papa oder anderen Erwachsenen. Grundsätzlich ist das für Kinder lange Zeit eine tolle Sache. Sie erhalten etwas, ohne etwas dafür tun oder abgeben, also tauschen zu müssen. Das könnte für viele Kinder immer so bleiben.

Doch es gibt einen Haken: Nicht sie entscheiden, was sie bekommen, sondern im Regelfall ihre Eltern. Und so kann es sein, dass sie auch mal leer ausgehen. Darüber gibt es später nicht selten Auseinandersetzungen.

Ein Experiment
Mit Kindern versetze ich mich in die Zeit, als es noch kein Geld gab. Die Menschen hatten das, was sie selbst herstellten, jagten oder sammelten. Sie halfen sich gegenseitig und fingen irgendwann an zu tauschen. Vielleicht wollte der Jäger nicht immer nur Rehe essen, sondern hatte Lust auf Fisch. Und der Fischer bekam seinerseits Appetit auf ein Reh. So begann der Handel mit Lebensmitteln, aber zum Beispiel auch mit Töpfen oder Waffen.[3]

Im Rahmen eines Kita-Projektes probiere ich aus, wie das Tauschen funktioniert. Die Kindergarten-Kinder organisieren einen Tauschmarkt. Jeder darf fünf Gegenstände mitbringen. Da stellen sich schnell viele Fragen: Was will ich tauschen, was brauche ich nicht mehr? Wovon kann ich mich trennen? Und ist das überhaupt für andere etwas wert – also: Ist das für mich ein gutes Tauschobjekt? Was möchte ich lieber behalten? Die Puppe, mit der ich nicht mehr spiele, ist ein Geschenk von Oma – darf ich sie weggeben, also tauschen? Und was sagen meine Eltern?

Werden sie plötzlich unruhig, weil sie Angst haben, dass ich den Wert meines Spielzeuges nicht nach seinem Preis beurteile und damit unvorteilhafte Geschäfte mache?

Die Kinder sitzen in einem Raum, jeder hat vor sich seinen Besitz. Einige haben kleine Plastikpüppchen und Autos dabei, andere größere Laster, Bücher, Spiele. Und sie schauen genau, sehen sofort, was ihnen gefällt. Der Startschuss fällt und in nur wenigen Minuten sind die größten Geschäfte getätigt. Es ist wild, es ist laut, es ist spannend. In einer zweiten Phase sollen die weniger beliebten Gegenstände einen neuen Besitzer finden. Es wird im Dreieck getauscht. Ein bisschen geredet, aber mehr gehandelt. Es ist ein quirliger Basar mit Kindern, die später zusammen mit allem spielen, was da ist. Plötzlich erhält auch der zuvor nicht mehr geliebte Gegenstand durch das Interesse der anderen eine neue Bedeutung.

Wie fühlen sich alle nach dem Tauschen? Sind alle zufrieden? Manche traurig oder gar unglücklich? Wer bereut seinen Tausch und warum? Wer war mutig, wer eher vorsichtig? Wie haben die Kinder sich verhalten, als sie etwas besonders gern haben wollten? Was haben sie gelernt? Darüber spreche ich mit den Kindern.

Und wie ist es für die Eltern? Keine unumstrittene Erfahrung, wie sich zeigt. Viele hängen am Besitz der eigenen Kinder, denn sie haben ihn möglich gemacht. Loslassen, hergeben, abgeben fällt in vielen Fällen nicht leicht. Was ist, wenn mein Kind den großen Laster gegen ein kleines Auto tauscht? Das wäre nicht gleichwertig. Und doch geben Eltern zu, dass sie die vielen Sachen in den Zimmern ihrer Kinder ärgern. Wie sind die da nur hingekommen? Viele schöne und teure Geschenke liegen sogar unbeachtet in der Ecke.

Lässt Überfluss gerade noch wichtige Dinge schnell wertlos werden? Wie finden wir raus aus der Spirale?

Wozu wurde das Geld erfunden?
Das will ich von Schülern einer Grundschule erfahren.

„Hm, damit die Leute sich nicht immer streiten? Wenn es kein Geld geben würde, dann würde sich jeder etwas schnappen", sagt Alina.

Und Luisa meint: „Weil die Menschen nicht so großzügig sind und sich nicht immer alles schenken können."

Nick wiederum weiß: „Damit man nicht mehr tauschen musste. Denn früher haben die Leute zum Beispiel ein Schaf gegen zehn Brote getauscht oder eine Ohrfeige gegen einen Tritt in den Hintern."

Die Geschichte des Geldes ist für Kinder faszinierend – und eigentlich auch für uns Erwachsene. Denn im Alltag sind viele Dinge ganz selbstverständlich einfach da. Wenn wir die *Sendung mit der Maus* schauen und Armin zeigt, wie etwas funktioniert – vom Kühlschrank bis zum Luftballon –, dann lernen auch wir Erwachsenen. Manchmal wundern wir uns, wie oft wir etwas einfach hinnehmen, ohne nach dem Sinn, der Herkunft oder der Funktion zu fragen.

So ist es auch mit dem Geld. Es ist eine Selbstverständlichkeit in unserem Alltag, die wir allerdings nur selten in ihre „Bestandteile" zerlegen. Daher ist es spannend, die verschiedenen Aspekte des Geldes für und mit Kindern sichtbar zu machen: das Tauschen, die Frage nach dem Wert und dem Preis, das Vergleichen, Rechnen und Bezahlen. Und im Alltag kommen noch viele andere praktische Dinge im Umgang mit Geld hinzu.

Alltagshandeln und Schlüsselkompetenzen
Wir sparen, bezahlen, vergleichen und rechnen mit Geld. Kinder lernen Schritt für Schritt seine unterschiedlichen Bedeutungen und den Umgang damit kennen. Ist dieser eigentlich kompliziert? Oder macht es Spaß, sich um seine Finanzen zu kümmern? Bereitet Geld uns Sorgen, zum Beispiel weil wir uns fragen, ob es für die kommenden Monate oder Jahre reicht, um den Lebensstandard der Familie zu sichern?

Jeder Mensch hat einen eigenen Plan, was er mit seinem Geld anfangen will. Doch der bleibt häufig unausgesprochen und wird nirgends fixiert. Jeder will etwas erreichen, sei es eine größere Anschaffung, die geplant ist, oder eine längere Reise. Wollen wir für Notfälle abgesichert sein und für das Alter vorsorgen? Oder versuchen wir vor allem, im Hier und Jetzt über die Runden zu kommen?

Und wieso sprechen wir nicht offen mit unseren Kindern über Geld? Sie sollen Klavierspielen lernen, aber warum kneifen wir, wenn sie anstrengende Fragen zu unserem Einkommen stellen? Fast jeder stimmt zu, dass Geld eines der letzten Tabuthemen ist, und sagt gleichzeitig, dass er selbst natürlich die große Ausnahme ist – aber trifft das auch zu?

Mich interessiert, was „der Umgang mit Geld" im Alltag bedeutet. Wo, wann und wie gehen wir täglich mit Geld um? Was heißt es für unsere Kinder, uns dabei zu beobachten, wie wir einen Haushalt führen, für uns und sie sorgen und Verantwortung übernehmen? Wie agieren Eltern als Verbraucher? Womit verdienen sie ihr Geld? Sind sie selbstständig, in einem Unternehmen beschäftigt oder bekommen sie Geld vom Staat? Zahlen sie eigentlich Steuern? Was müssen Menschen im Umgang mit Geld alles lernen?

Welche Ausgaben haben immer Vorrang, welche werden regelmäßig zurückgestellt? Was verbinden Menschen mit dem Thema Geld? Warum ist es ihnen oft unangenehm, darauf angesprochen zu werden? Und wieso reden sie selbst kaum darüber?

Am Anfang nehmen Kinder Geld – in Form von Münzen – als reine Gegenstände wahr, die vor allem in Metalldosen wunderbar klappern, ohne kaputtzugehen. Schon bald stellen sie fest, dass es unterschiedliche Münzen und auch Scheine gibt. Sie sortieren das Geld mit Leidenschaft nach Aussehen, Größe und erst viel später nach seinem Wert.

Eltern erzählen mir, dass sie sich mit ihren Kindern im Kindergartenalter spielerisch mit Geld beschäftigen. Zunächst im Kinderzimmer mit dem Einkaufsladen, in dem eine Birne schon mal 1.000 Taler kosten kann. Aber bald muss es echtes Geld sein. Wie sehen die Münzen und Scheine überhaupt aus und woher kommt das Geld, das wir in unseren Händen halten? Ist es vielleicht gefälscht? Woran erkennt man sogenannte „Blüten" – eine Frage, die nicht nur Räuber- und Piratenkinder interessiert.

Einige Eltern besorgen Kollektoren – Sammelalben für Münzen aus allen Euro-Ländern –, in die sie zusammen mit ihren Kindern die Münzen stecken. Nun fangen die Kinder an, beim Einkaufen nach Eulen, Gänsen oder Harfen auf der Rückseite der Euro-Münzen Ausschau zu halten. Und die Beschäftigung mit den Münzen führt zu neuen Fragen: Wo liegt das Brandenburger Tor, warum haben wir keinen König wie die Spanier und wer ist dieser Mozart? In welchen Ländern können wir mit dem Euro bezahlen? Wer war schon mal da? Welche Sprache wird dort gesprochen und was essen die Menschen da am liebsten?

Manchmal erzählen Eltern ihren Kindern auch, wie die europäischen Währungen hießen, als es den Euro noch nicht gab und sie selbst als junge Menschen das eine oder andere Land besuchten und so manche Abenteuer erlebten. Ältere Kinder werden bei einem Urlaub in einem Nicht-Euro-Land feststellen, dass sie alle Preise von der fremden Währung in Euro umrechnen müssen – eine gar nicht so leichte Aufgabe.

Wenn jüngere Kinder das Wechseln des Geldes allerdings noch als Tauschen interpretieren, dann kommt es zu wunderbaren Äußerungen wie dieser: „Mama, das ist doch einfach, Geld zu verdienen – man gibt im Laden einen Schein ab und kriegt einen großen Berg Münzen zurück!", wie mir die Mutter einer fünfjährigen Tochter berichtet.

Fünfjährige – was steckt nicht alles an Energie, Mut und Kreativität in ihnen! In diesem Alter drängen viele darauf, alleine einzukaufen und selbst zu bezahlen, obwohl das eigentlich nur bedeutet, das mitgebrachte beziehungsweise abgezählte Geld hinzulegen und im Gegenzug etwas dafür zu bekommen, da sie noch nicht rechnen können. Aber nichts geht über einen richtigen Einkauf mit echtem Geld: Brot vom Bäcker holen, Eier beim Bauern oder Toilettenpapier aus der Drogerie. Kinder wollen mithelfen, nicht nur einen Lolli von Omas Geld für sich selbst kaufen. Sie brauchen einen echten Auftrag der Eltern, zum Beispiel: „Ich möchte heute Kartoffelbrei kochen. Kannst du schnell einen Beutel Kartoffeln für mich besorgen?"

Manchmal kommt das Kind mit mehr als Kartoffeln zurück. Aber es war mutig von ihm, diese Aufgabe zu übernehmen, mit Geld in der Hand in den Supermarkt zu marschieren. Die Herausforderungen könnten für ein Kind im

Vorschulalter nicht größer sein, schließlich gibt es kaum noch kleine Geschäfte. Da stellen sich ihm viele Fragen: Wo sind die Kartoffeln? Welche nehme ich? Wird das Geld reichen? Mache ich alles richtig, wenn ich in der Schlange mit so vielen Erwachsenen stehe? Wird die Kassiererin mein Geld nehmen und bekomme ich die Kartoffeln wirklich? Doch dann ist es geschafft – das Kind hat eingekauft. Stolz hält es den Einkauf in den Händen. Es hat sich und seinen Eltern bewiesen: Ich kann das. Wer sein Kind jetzt am Türrahmen misst, wird feststellen, dass es mindestens um zwei Zentimeter gewachsen ist.

„Ich habe wunderbare Erinnerungen ans Einkaufen als Kind", berichtet eine Erzieherin in einem meiner Geld-Workshops. Sie schwärmt: „Einkaufen bei Onkel Kummerfeld! Da gab es eigentlich nur Edamer Käse für uns Kinder und Tilsiter für meine Oma. Und Sahne im Keller, die er selbst geschlagen hat. Und oben standen die großen Bonbongläser für 10 Pfennig. Und dann lose Milch, das sehe ich noch so richtig vor mir. Fand ich als Kind ganz toll – mit der Milchkanne loszugehen und ganz stolz einzukaufen."

Auch ich kann mich sehr gut an meine Einkäufe in diesem Alter erinnern. Allerdings habe ich damals nur einen kurzen Einkaufsweg: Dieser unverstellte Blick aus unserem Küchenfenster auf den Laden von Frau Kruse! Heute stehen dort Bäume und das Geschäft gibt es schon lange nicht mehr.

Ich nehme an, dass meine Mutter mir nachschaut, um zu sehen, ob ich gut ankomme. Und ich kann mir vorstellen, dass ich das überhaupt nicht will. Richtig einkaufen heißt: Keiner guckt, keiner kontrolliert, ich mache und schaffe alles alleine. Das bedeutet auch, ohne Zettel einzukaufen.

Ich will mir alles merken – wie die Erwachsenen. Und eine besondere Herausforderung kommt dazu: Frau Kruse fragt uns Kindern gerne Löcher in den Bauch: Hast du schon, machst du schon, bist du schon? Das passt mir nicht und dennoch will ich so gerne einkaufen. Also bleibe ich standhaft und berichte – wieder zu Hause – meiner Mutter voller Stolz: „Habe alles besorgt, aber keinen Piep gesagt!"

Ältere Kinder, die bereits zur Schule gehen, lernen eine weitere wichtige Fähigkeit im Umgang mit Geld: die Preise und das Rückgeld zu berechnen. Geben die Erwachsenen an der Kasse immer richtig heraus oder ist vielleicht eine Münze aus Thailand in meine Hand geraten? Nachzählen und Nachschauen sind immer wichtig, damit man sich später nicht ärgert, weil man Geld verloren hat. Rechnen ist also doch nicht nur ein Fach in der Schule. In welchen Alltagssituationen könnte es wichtig sein, den Kaufbetrag und die Höhe des Rückgeldes wenigstens grob zu überschlagen?

Michael aus Berlin hat es erlebt. Er berichtet von einem Einkauf, bei dem er einen etwa 13-Jährigen im Supermarkt an der Kasse beobachtet. Der Junge hat mutmaßlich den Auftrag, eine neue Patrone für den Sodawasser-Maker zu kaufen. Vielleicht rief ihm die Mutter hinterher: „Bring noch ein paar Zitronen mit!" Der Sohn holt vermutlich als Erstes die Sauerstoffpatrone und dann den Beutel mit den guten Bio-Zitronen. Auf den Preis achtet er hierbei nicht, denn er ist in Gedanken schon bei der Schokolade, die er für sich mitnehmen will. Auch deren Preis spielt keine Rolle.

Michael erzählt: „Nun steht der Junge an der Kasse und muss feststellen, er hat sich bei seinem Einkauf total verschätzt. Die Kassiererin möchte nämlich 12,74 Euro von ihm, doch der Junge hat nur einen Zehn-Euro-Schein dabei. Das gesteht er der Frau ziemlich kleinlaut, und so ruft die Kassiererin Frau Klawirke mit dem Stornoschlüssel. Alles dauert ein bisschen. ‚Und wie machen wir das jetzt?', fragt die Kassiererin. Die Schokolade stand ja nicht auf dem Plan, also gibt der Junge sie ab. Die Ware wird erneut gescannt, diesmal mit dem Ergebnis von 10,75 Euro. Aber er hat immer noch nur 10 Euro dabei. Ein zweites Mal wird Frau Klawirke ausgerufen. Dem Jungen ist die Situation unglaublich peinlich. Ich habe mich gefragt, ob er sich das vielleicht hätte ersparen können, wenn er geguckt hätte, was seine drei Sachen kosten. Er scheint ja überhaupt nicht überprüft zu haben, ob es vielleicht eine Alternative zu den Bio-Zitronen gegeben hätte. Vielleicht hätte er auch einzelne Zitronen nehmen können und nicht ein ganzes Netz. Im Ergebnis lässt er jedenfalls auch die Zitronen im Supermarkt und geht nur mit der Kartusche und seinem Wechselgeld nach Hause."

Ein Gespräch unter Eltern
Rechnen wir Erwachsenen denn (noch) konsequent unseren Einkauf zusammen? Und wissen wir, was ein Überschlag ist? Gelernt haben wir es, wie das folgende Gespräch zeigt.

Bettina: „Ich gebe mehr aus, wenn ich bargeldlos unterwegs bin. Da kann ich machen, was ich will. Auch wenn ich gut im Kopfrechnen bin. Aber das ist oft unser Anspruch: es im Griff und im Gefühl zu haben, wie viel wir ausgeben. Und wie oft täusche ich mich da im Großen und im Kleinen."

Mike: „Ja, stimmt. Wer von uns in der Runde rechnet denn noch nach, was es kostet, wenn wir zum Bäcker gehen oder kleine Einkäufe machen?"

Corinna und Sebastian: „Äh, wir machen das!"

Mike: „Ich mache es nicht, weil ich es mathematisch nicht hinbekommen würde, aber mir geht es so, weil auf den ganzen Sachen keine Preise mehr draufstehen. Heute muss ich mir das immer schon am Regal merken. Und da bin ich manchmal zu faul. Das mag bei den kleinen Sachen gehen, da mache ich noch einen lockeren Überschlag. Früher habe ich aber viel genauer gerechnet, als ich einkaufen war. Da gab es noch nicht diese vielen krummen Preise. Und wenn ich die Leute mit einem Einkaufswagen am Wochenende oder vor Feiertagen sehe, als stünden wir kurz vor dem Weltuntergang, sie den Supermarkt leerkaufen und bis zu 200 Artikel in ihrem Wagen haben, da kann mir keiner sagen, dass er irgendwie noch ansatzweise den Überblick hat."

Bettina: „Ja, kenne ich. Für mich ist das der sogenannte Ikea-Effekt: Wollte nur Kerzen einkaufen und bezahle für den kleinen Berg an neuen Dingen stolze 175 Euro."

Den Überblick behalten
Wie oft ertappen wir uns dabei, die Kontrolle über unsere Ausgaben – ihre Höhe und deren Richtigkeit – aus der Hand zu geben? Sind wir nicht mehr darauf angewiesen, auf jeden Cent zu achten? Wie steht es mit der Haltung unserer Großeltern: „Wer den Pfennig nicht ehrt, ist des Talers nicht wert"? Lachen unsere Kinder über diesen Spruch, weil sie es nicht für nötig halten oder wir es ihnen nicht mehr vorleben? Bemerken sie, dass wir in der ganzen Wohnung unachtsam unser Kleingeld herumliegen lassen und es uns egal ist, wenn wir beim Spätkauf ein paar Euro mehr bezahlen, als noch einmal zum Supermarkt zu laufen? Werfen wir Essensreste weg oder frieren wir sie ein?

Wenn wir vor dem Waschen Cents und Euros aus den Hosentaschen der Familienmitglieder fischen würden, um sie dann in ein Glas zu stecken – wie viel würde nach einem halben Jahr zusammenkommen? Sind es nur die besonders Sparsamen unter uns, die den Blick auf die Kleinigkeiten des Alltags lenken? Was vermitteln wir unseren Kindern, wenn uns das Kleingeld nicht mehr viel wert ist? Und was erwarten wir von ihnen? Wie sollen sie die Preise alltäglicher Dinge kennenlernen, wenn Cent-Beträge immer unwichtiger werden? Und was heißt es in Zeiten von Kredit- und EC-Karten, nicht mehr genau hinzuschauen, seine Bons und Belege nicht mehr mitzunehmen und zu überprüfen?

Hartmut arbeitet bei einem großen Mobilfunkunternehmen. In seinem beruflichen und privaten Umfeld hat er die Erfahrung gemacht, dass viele Menschen mit mehreren Kreditkarten nicht mehr wissen, was sie mit welcher Karte schon bezahlt haben. Bei Zahlungen mit EC-Karte werden die Beträge direkt vom Konto abgebucht, aber bei Kreditkarten lassen sich die Buchungen erst einsehen, wenn die Monatsabrechnung kommt.

„Ich merke das immer, wenn ich im Ausland dienstlich unterwegs bin", erzählt Hartmut bei einem meiner Workshops. „Spätestens nach einer Woche kann ich nur hoffen, dass das Limit auf meiner Kreditkarte nicht erreicht ist. Nach 20 oder 30 Buchungen habe ich oft vergessen, mit wie viel Geld ich die Karte schon belastet habe. Ich habe den Vorteil, dass ich ins Büro fahre, alle Belege einreiche und das Geld drei Tage später von meiner Firma erstattet bekomme. Das geht schneller, als der Betrag überhaupt von meinem Konto abgebucht ist. Aber das ist ja bei vielen nicht so, weil es ganz viele private Buchungen sind. Dann ist doch klar, dass die Übersicht schnell weg ist. Ich glaube, dass das von Anfang an nicht ganz unbeabsichtigt war."

Nina: „Dann kann ich doch ganz einfach sagen: Ich benutze eben einfach keine Kreditkarten."

Hartmut: „Wenn es aber irgendwann kein Bargeld mehr gibt? Dann ist es ja wurscht, ob ich mit der Kreditkarte oder einem anderen elektronischen Bezahlungsmittel klarkommen muss. Das Ergebnis ist das gleiche. Unsere Kinder werden das bestimmt erleben. Daher müssen wir sie wohl heute schon früh darauf vorbereiten."

Das Preis-Leistungs-Verhältnis
Zweifelsohne ist der Preis nicht immer das einzige oder wichtigste Kriterium für unsere Kaufentscheidung. Wir können auch Produkte auswählen, weil sie in der Region produziert wurden, eine bessere Qualität haben oder bestimmte Inhaltsstoffe nicht enthalten. Vielleicht wollen wir auch ein bekanntes Markenprodukt kaufen, weil wir damit gute Erfahrungen gemacht haben und zufrieden sind. Es gibt also eine ganze Palette an Entscheidungskriterien bei unserem täglichen Konsum. Aber kennen wir sie überhaupt? Und verraten wir sie unseren Kindern? Wissen sie, warum wir uns für das eine und gegen das andere Produkt entscheiden, was uns wichtig ist, wie wir uns informiert haben und wie es kommt, dass wir manchmal von unseren Gewohnheiten abweichen?

Andreas Roeske arbeitet seit über 15 Jahren in der Werbebranche und provoziert: „Die meisten Menschen wissen gar nicht, warum sie im Supermarkt dieses oder jenes in den Einkaufswagen legen. In der Regel – und wenn ich nicht jeden einzelnen Cent umdrehen muss – geht es darum, dass ich mich mit dem Einkauf irgendwie wohlfühle. Denn ob die Salami, das Waschpulver oder der vegane Muffin ihr Geld wert sind, kann ich als Verbraucher überhaupt nicht beurteilen. Aber ich bin bereit, ein gutes Preis-Leistungs-Verhältnis zu bescheinigen, wenn ich bei dem Kauf ein gutes Gefühl habe."

Einen absoluten Preis zu berechnen, ist nicht einfach. Früher gab es Packungen in Einheitsgrößen: 0,5, 0,75 und 1,0 Liter, 100 Gramm, ein Pfund, ein Kilo. Alles war gut zu vergleichen. Heute sind für viele Lebensmittel wie Schokolade, Säfte oder Wasser ganz andere Verpackungsgrößen erlaubt. Damit fällt dem Verbraucher der preisliche Vergleich beim Einkauf nicht immer leicht. Wir sind also auf die Preisangaben des Händlers angewiesen, die uns den Preis pro 100 oder 1.000 Gramm ausweisen und in jedem Supermarkt verbindlich angebracht sein müssen. Allerdings ist dieser Vergleichspreis in den meisten Fällen sehr klein geschrieben. All das könnte man als Versuche der Hersteller oder des Handels interpretieren, uns zu täuschen und damit zu ungünstigen Käufen zu bewegen.

Mittlerweile finden sich in einigen Supermärkten bereits elektronische Preisschilder. Dadurch ist es für die Händler einfacher möglich, die Preise zu steuern und – je nach Tageszeit oder Anlass – anzupassen. Ähnlich wie bei den Tankstellen werden wir wohl in Zukunft genau darauf schauen müssen, wie sich die Preise verändern. Doch dazu müssen wir sie natürlich kennen. Denn diejenigen, die keine Fixpunkte, sogenannte Ankerpreise, im Kopf haben, lassen sich von durchgestrichenen Preisen und angeblichen „Angeboten" am stärksten beeinflussen.

Überlegen wir also einmal: Wie teuer ist eigentlich ein Liter Milch? Und wie viel bezahlen wir für eine Tube

Zahnpasta? Fällt es uns bei Dingen des täglichen Lebens, die wir häufig einkaufen, leichter, Preise zuzuordnen, als bei Gegenständen, die wir selten kaufen und deren Preise sich immer wieder verändern? Wie viel kostet ein Computer? Wie viel ein Auto oder ein neues Sofa? Und was kosten Tickets für ein Fußballspiel im Stadion? Meiner Erfahrung nach stellen Kinder und ihre Eltern im gemeinsamen Gespräch oft fest, dass es uns Verbrauchern im Alltag aufgrund der fehlenden preislichen Bezüge schwerfällt, einzuschätzen, ob etwas günstig oder teuer ist.

Möglicherweise hilft uns in Zukunft auch unser Smartphone, das uns nach wenigen Klicks verrät, welcher Preis „angemessen" ist. Allerdings ist es gut zu überprüfen, wer eigentlich hinter so einer Empfehlung steckt und ob sie objektiv ist.

Bargeldloses Bezahlen

Wie bereits angesprochen, bezahlen wir immer häufiger bargeldlos. Die Vielfalt, die sich hier auftut, ist groß: Zahlen auf Rechnung, per Vorkasse oder Lastschrift, mit Kreditkarte, per Sofortüberweisung, PayPal oder Giropay ... Für unsere Kinder sind viele dieser Geld-Transaktionen nicht sichtbar, denn wir sitzen abends an unseren Computern, tätigen die Überweisungen oder kaufen schnell noch ein paar Dinge online ein. Kennen wir eigentlich die Vor- und Nachteile der unterschiedlichen Möglichkeiten? Was passiert mit meinen Daten? Welche Möglichkeiten habe ich, wenn etwas schiefgeht, in welchen Zeiträumen kann ich widerrufen? Welche Risiken lassen sich vermeiden? Wie sicher ist es überhaupt, wenn ich mit meiner Bezahlung in Vorleistung trete (prepaid)? Welchen Nutzen habe ich, wenn ich unmittelbar bezahle (pay now)? Und was verspreche ich mir davon, erst nach Erhalt der Ware zu zahlen (pay later)?

Manche elektronischen Bezahlmöglichkeiten sind noch ungewohnt – und ständig kommen neue Optionen hinzu. Sich hier informiert zu halten, auszuprobieren, Erfahrungen zu sammeln, gehört mittlerweile zu unserem Alltag als Verbraucher, auch wenn es zeitaufwendig ist. Doch weil Bargeld in Zukunft immer weiter an Bedeutung verlieren wird, wir immer häufiger auch mit unserem Smartphone bezahlen werden, ist es wichtig, den Anschluss nicht zu verpassen.

Für unsere Kinder ist bargeldloses Bezahlen einerseits „normal". Andererseits fehlt ihnen so ein ganz praktisches Lerninstrument. Für kleine Kinder ist es gut, wenn sie sehen und nachvollziehen können, wie Geld sich bewegt – wenn sie selbst „greifbares" Taschengeld bekommen, wenn wir auch mal bar bezahlen. Später, wenn sie älter sind, begreifen sie die technischen Möglichkeiten womöglich schneller als wir. Auch wenn sich die Art und Weise des Bezahlens immer wieder verändert, die Grundprinzipien – Geld verdienen, ausgeben, sparen oder leihen – bleiben. Und die gilt es auch mit älteren Kindern immer wieder zu besprechen und sichtbar zu machen.

Holger beispielsweise hat beschlossen, früh mit dem Thema Geld zu beginnen. Er nimmt an einer meiner Veranstaltungen in Berlin teil, obwohl seine Tochter erst knapp zwei Jahre alt ist. „Kann nicht schaden, früh informiert zu sein", sagt er. Er beobachtet, dass bei einigen Themen die Grundlagen schon sehr früh geschaffen werden. Bei seiner Tochter fängt es an, dass sie eine Sparbüchse hat, mit dem Geld herumspielt und es gerne in die Büchse wirft. „Sie versteht noch nicht, was dahintersteckt, aber ich frage mich, wie der Übergang zum anderen Denken beim Geld eigentlich funktioniert".

Er hat sich schon viele Gedanken gemacht. Besonders die Aussicht auf einen bargeldlosen Zahlungsverkehr beschäftigt ihn. „Das Materielle in der Hand wird wahrscheinlich immer weniger. Das wird eine neue Erfahrung der nächsten Generation sein. Es wäre daher für meine Tochter gut, verinnerlicht zu haben, was die Substanz des Geldes ist. Der Satz ‚Dann geh doch zur Bank und hol dir welches!' versinnbildlicht ja, dass ich wenigstens mein Portemonnaie auffüllen und Geld haben muss. Aber vielleicht erleben das meine Kinder gar nicht mehr, weil alles nur noch mit Karte oder Handy bezahlt wird. Und dann verstehen sie nicht mehr so richtig, was dahinter ist – und welche Rechnungen alle noch zu bezahlen sind."

E-Geld in Form von Karten kennen wir bereits jetzt und unsere Kinder staunen häufig über die vielen Plastikkarten in unserem Portemonnaie: Wir haben eine, um im Fußballstadion nicht zu verhungern, eine andere, um gelegentlich im öffentlichen Nahverkehr unterwegs zu sein oder unser Auto zu parken. Wir laden sie entweder am Bargeldautomaten unserer Bank oder am Automaten des jeweiligen Anbieters auf und bezahlen damit. Das ist im Alltag ein Vorteil, da das Kleingeld oft fehlt. Kinder stellen allerdings das Aufladen und die Bezahlung nicht immer in einen logischen Zusammenhang.

Welche Vorstellungen haben Kinder davon, wie das Geld zu uns kommt und wohin es fließt?
Wie funktioniert eine Bank und was ist ein Konto? Welche unterschiedlichen Kontoarten gibt es und worin unterscheiden sie sich? Wie kommen wir an Bargeld? Wie gelangen

unsere Einnahmen auf unser Bankkonto? Und wie geben wir das Geld wieder aus, obwohl es bei uns zu Hause nicht zu sehen ist? Diese und viele andere Fragen zu unserer Kontoführung, virtuellem Geld und somit auch den unterschiedlichen Bezahlweisen sind für Kinder nicht ohne Weiteres zu beantworten.

Auf unserem Girokonto liegt ein Teil unseres Eigentums – nicht als Anlageform, eher wie in einem Fass, aus dem wir uns fast täglich bedienen. Bargeld bekommen wir mittlerweile schon im Supermarkt. Was denken Kinder, wenn sie sehen, dass ihre Eltern – anstatt zu bezahlen – beim Einkaufen sogar noch Geld bekommen? Auch hier sind Einordnungen der Eltern wichtig.

Wir haben zudem mehrere (Geld-)Karten, mit denen wir je nach Ort und Anlass bezahlen. Unsere Ausgaben dabei nicht aus den Augen zu verlieren – vor allem damit sie die Einnahmen nicht übersteigen –, ist eine zentrale Aufgabe des Haushaltens. Dazu gibt es Kontoauszüge, die unsere Kontobewegungen dokumentieren. Doch wer überprüft sie noch regelmäßig?

Die Geld- und Konsumwelt hat sich in den letzten 50 Jahren stärker verändert als in der gesamten Menschheitsgeschichte zuvor. Grenzen des Konsums, des Handelns, des Wirtschaftens erleben viele Kinder immer seltener, weder in der Öffentlichkeit noch in ihren Familien. Wenn der Berliner Flughafen nicht fertig wird, das genehmigte und bereitgestellte Geld aber schon ausgegeben ist, wird trotzdem weitergebaut. Woher das zusätzliche Geld kommt, ist uns und unseren Kindern nicht immer klar. Das Weitermachen auf Basis der bisherigen Fehlinvestitionen und Baufehler ist wahnsinnig – vor allem wahnsinnig teuer. Wären Baustopp, Abriss und Neuanfang gar billiger?

Zur selben Zeit erleben unsere Kinder, dass ihre Schule nicht oder nur unzureichend renoviert wird, obwohl mitunter schon der Putz von den Wänden fällt. Und sie bekommen mit, dass die Gelder von denselben Menschen verwaltet werden, die beim Flughafen offensichtlich viel großzügiger sind. Nutzen wir solche Gelegenheiten, um mit unseren Kindern darüber ins Gespräch zu kommen? Oder beschränken wir uns nicht allzu oft auf ein Geschimpfe über die Zustände?

Geld und Geschichte: Der eigene Lebensweg
Als Über-Geld-Sprecherin ernte ich ganz unterschiedliche erste Reaktionen: Unmut und Freude, Abgrenzung und Offenheit. Nur Gleichgültigkeit lässt sich beim Thema Geld fast nie beobachten, unabhängig davon, wie viel jemand besitzt. Unsere Gefühle und Projektionen zeigen, wie emotional aufgeladen das Thema ist.

Gefühle sind ein guter Indikator dafür, was uns persönlich wichtig ist. Geben sie uns auch Auskunft darüber, welche Grundeinstellungen und Werte wir mitbringen? Denn unsere Einstellungen entscheiden, ob wir uns dem Thema Geld zuwenden oder nicht. Ob wir unsere Zeit, Energie und unsere Kompetenzen dazu nutzen, auch mit diesem wichtigen Teil unseres Lebens verantwortungsvoll umzugehen. Wie sind wir zu dem geworden, was wir heute sind?

„Wie bist du eigentlich Über-Geld-Sprecherin geworden, das ist doch gar kein richtiger Beruf, oder?"

„Hm, ich habe zwar kein Geld-Diplom in der Tasche, habe an keiner Geld-Universität studiert und keine Ausbildung als Über-Geld-Sprecherin gemacht. Und dennoch nenne ich mich so."

„Aber wie bist du dazu gekommen? Wie bist du das geworden?", wollen nicht nur Kinder von mir wissen.

Die Antwort ist einfach: „Ich habe irgendwann damit begonnen, über Geld zu sprechen. Daher bin ich das, was ich tue."

„Darfst du das denn?"

„Was, über Geld sprechen?"

„Nein, dich so nennen."

„Aber wer sollte es mir verbieten? Und aus welchem Grund?"

An dieser Stelle fällt mir immer das Märchen von den Bremer Stadtmusikanten ein: Hund, Katze und Hahn folgen dem Esel, weil es eine gute Idee ist, nach Bremen zu ziehen, um Musik zu machen. Ich halte es ebenso für eine gute Idee, über Geld zu sprechen. Es wäre gelogen, wenn ich behaupten würde, es sei ausschließlich dazu gekommen, weil ich die Welt ein Stückchen besser machen wollte. Sicherlich ist es unbestritten, dass in Deutschland sehr wenig über Geld gesprochen wird. Viele sehen darin das letzte echte Tabuthema. Auch können viele Menschen nicht besonders gut mit Geld umgehen, Tendenz steigend. Verschuldung und Armut sind große gesellschaftliche Herausforderungen. Als Diplom-Politologin sehe ich, wie sich die Gesellschaft in den letzten Jahrzehnten verändert hat. Wie wir sind, was uns ausmacht und wie wir handeln, hat eben auch immer mit dem Umfeld zu tun, in dem wir leben. Wer heute als arm gilt, ist nicht nur finanziell schlechter gestellt. Es fehlt die gesellschaftliche Teilhabe, die Ursprung jener Freiheit ist, auf die unsere Gesellschaft sich gründet.

Mein Interesse am Thema Geld ist indes sehr persönlich. Meine beiden Kinder bekommen ihr erstes Taschengeld und ich frage nach meiner elterlichen Funktion: Was soll, kann, muss ich tun, damit sie nicht nur mit ihrem Taschengeld klarkommen, sondern sich auch in Zukunft in der Finanz- und Konsumwelt eigenständig und sicher bewegen? Ich mache mich also auf die Suche und finde vor allem Ratgeber, die mir Auskunft über die Höhe des Taschengeldes geben. Zudem erfahre ich, dass der Auszahlungsrhythmus wichtig sei und ich die Einkäufe meiner Kinder nicht bewerten solle.

Richtig zufrieden bin ich nicht. Daher frage ich mich schnell, wie eigentlich meine eigenen Erfahrungen waren: Wie bin ich mit Geld groß geworden? Wie wurde bei uns zu Hause über Geld geredet? Welche Werte haben mir meine Eltern vermittelt und welche davon sind mir noch wichtig? Wie hat der Umgang bei uns zu Hause heute noch Einfluss auf meine Gefühlswelt und auf meinen täglichen Umgang mit Geld, mit und ohne Kinder? Alles Fragen, die ich auf Anhieb nicht eindeutig beantworten kann. Meine Neugier ist geweckt und ich fange an, zunächst meine Freunde intensiver zu befragen. Ich führe abendfüllende Gespräche und tauche ab in die Welt von anderen Menschen. Gerade bei meinen Freunden entdecke ich Seiten, die ich nicht kannte, weil wir einfach nie darüber gesprochen haben. Außerdem ist es mitnichten ein technisches, sondern ein hoch emotionales Thema.

Die Gespräche mit meinen Freunden helfen mir, vergessene Erlebnisse und Gefühle aus meiner eigenen Kindheit wachzurufen: schöne Momente, in denen ich mir etwas Langersehntes kaufe, nicht so schöne, wenn meine Mutter meine Einkäufe kritisiert oder ich nicht das bekomme, was ich mir sehr gewünscht habe. Ein Zaubertopf. Viele Erinnerungen. Viele Geschichten. Sehr persönliche Erfahrungen, die vielleicht niemals ausgesprochen und geteilt wurden. Und die dennoch in uns schlummern. Die uns prägen, uns heute noch in unserem täglichen Umgang mit Geld, dem Miteinander mit anderen Menschen, bei unserer Berufswahl, in unserem Zusammensein mit unserem Partner und dem Leben insgesamt beeinflussen.

Geld und Kopf: Einstellungen und Werte
Wieso fällt es uns schwer, über unsere Erfahrungen mit Geld zu sprechen?[4] Weil sie so persönlich sind? Aber dann wäre die Familie eigentlich genau das richtige Umfeld dafür! Wieso erzählen viele von uns ihre Geschichten dennoch nicht? Wieso lassen viele von uns diese Geschichten unangetastet im Keller liegen? Warum dürfen sie – auch wenn es unschöne, unangenehme und ungute Erfahrungen sind – ihre eher destruktive Kraft voll zur Entfaltung bringen? Wäre es nicht besser – gerade weil wir jetzt Eltern sind –, den Koffer ans Tageslicht zu befördern, ihn zu entstauben und reinzugucken, was alles drin ist? Alte Briefe, vergilbte Fotos, Mitbringsel aus Ferienlagern, Geschenke von den Großeltern, lieb gemeinte Worte und solche, über die wir uns schon immer geärgert haben ... Und wie wäre es, unseren Partner und unsere Kinder daran teilhaben zu lassen? Dann könnten nicht nur wir uns, sondern auch sie uns besser verstehen. Es würde deutlich, wie wir eigentlich zu denen geworden sind, die wir sind, was uns wichtig ist, was wir gar nicht mögen. Und wir könnten verschiedene Aspekte unserer Persönlichkeit sehen: wir als Kinder unserer Eltern, als Vater oder Mutter heute.

Unsere Einstellungen entwickeln sich aus unserer Erfahrung. Sie beschreiben unseren mentalen Zustand in Bezug auf konkrete Dinge, andere Menschen oder bestimmte

Situationen. Sie beeinflussen zum Beispiel, in welchem Grad wir uns für ein Thema begeistern und weitere Informationen einfordern. Wenn wir gelernt haben, dass die Beschäftigung mit Geld wichtig ist, dann werden wir eine hohe Bereitschaft mitbringen, uns mit dem Thema auseinanderzusetzen. Deutlich wird dies in allem, was wir denken, sagen, fühlen oder tun. Das Gleiche gilt natürlich auch umgekehrt: Eine frühe negative Verknüpfung führt eher zu Ablehnung, Distanz und Passivität beim Thema Geld.

Immer, wenn wir denken, leisten unsere Einstellungen eine gewisse Vorarbeit. Allerdings sind sie in einigen Dingen gefestigter als in anderen. In manchen Fragen ist uns bewusst, was uns wichtig ist und wie wir uns konkret entscheiden wollen. Oftmals läuft die Vorarbeit jedoch unbewusst ab.

Sind es eigentlich unsere Gefühle, die unser Denken bedingen, oder ist es unser Denken, das unsere Gefühle beeinflusst? Diese Frage ist wichtig, um zu klären, ob und wie wir Veränderungen anstoßen können. Denn unsere Gefühle in Bezug auf Geld scheinen uns geradezu im Griff zu haben.

Es sind unsere Einstellungen, die die Grundlage unseres Handelns bilden. Dabei sind sie nicht unabänderlich. Als lernende Wesen können wir Menschen im Laufe der Zeit zunächst unsere Einstellungen, dann unsere Gefühle und letztlich auch unser Verhalten ändern. Wir müssen es nur wollen, eine Tür zu öffnen und hinauszutreten.

Wie gehen Mütter im Alltag mit Geld um – eine Studie aus dem Jahr 2010[5]

Was motiviert Mütter? Was verrät ihr Umgang mit Geld über ihre Einstellungen und Orientierungen? Grundsätzlich erleben Mütter ihren Alltag als große Herausforderung, bei der nicht nur Geld, sondern vor allem auch Zeit und die unterschiedlichen Bedürfnisse aller Familienmitglieder eine große Rolle spielen. Alle Lebensbereiche gehen ineinander über und lassen sich nicht grundsätzlich voneinander trennen. Mütter fragen sich: Wie kriege ich nur alles unter? Schaffe ich es, die Bedürfnisse und Wünsche aller Familienmitglieder zu berücksichtigen? Was muss gekauft, wo muss gespart werden? Kommen wir mit unserem Geld zurecht?

Hinter den vielen täglichen Entscheidungen und der Art und Weise des jeweiligen Geldmanagements lassen sich unterschiedliche Herangehensweisen beobachten. Da gibt es Mütter, die ihre Entscheidungen eher mit Blick auf die Zukunft des Kindes treffen: Welche Wirkung hat meine Ausgabe später? Andere Frauen orientieren sich eher am Wohlergehen des Kindes in der Gegenwart: Ist mein Kind glücklich, wenn ich jetzt diese Ausgabe tätige? Zukunfts- und gegenwartsorientierte Mütter finden sich übrigens in allen Einkommensklassen. Einigkeit besteht wiederum, wenn es um die soziale Teilhabe des Kindes geht. Damit das eigene Kind mithalten kann, nicht auffällt oder zurückstecken muss, werden eben alle Mütter aktiv, auch wenn sie dafür selbst an vielen Stellen verzichten müssen. Die Angst vor dem sozialen Abstieg ist generell sehr groß.

„Geldmanagement im Kontext der Kindererziehung" heißt, zwischen den Ausgaben zu unterscheiden, die sein müssen – wie etwa schulische Ausgaben –, und denen, die darüber hinaus gewünscht oder möglich sind, zum Beispiel das außerschulische Nachmittagsprogramm. Allerdings ist Letzteres nicht für alle Familien finanziell zu stemmen. Die Studie kommt aber auch zu dem Ergebnis, dass die Art und Weise des Umgangs mit Geld im Zusammenhang mit der Kindererziehung nur zum Teil durch das tatsächlich zur Verfügung stehende Einkommen zu erklären ist. Genauso wichtig ist, welche Einstellungen oder Erziehungskonzepte die Mütter mitbringen, denn diese Einstellungen und Konzepte entscheiden, wofür das Geld schließlich ausgegeben wird. Wenn eine Mutter findet, das Kind benötige keine weitere Förderung im außerschulischen Bereich, wird sie auch keine Geldmittel dafür mobilisieren.

Der Einfluss unserer Werte
Neben unseren Einstellungen haben wir auch Wertvorstellungen, die noch stabiler und damit weniger leicht zu verändern sind. Das ist nicht verwunderlich, denn sie geben unserem Leben und unserem Handeln eine wichtige Orientierung. Sie sind die Konditionen des Lebens, die wir für unverzichtbar erachten. Wir gehen davon aus, dass sich alle Menschen – auch wir – auf eine ganz bestimmte Art und Weise in der Gemeinschaft verhalten sollen.[6]

Welche Werte sind uns persönlich besonders wichtig? Was haben unsere Eltern uns an Werten vermittelt? Und welche Wertvorstellungen werden in dem Land und dem Kulturkreis, in dem wir leben, vertreten? Freundschaft, Ehrlichkeit und Liebe sind Werte, die von der Mehrheit der Bevölkerung getragen werden. Gilt das auch für Treue, Verantwortung und Gerechtigkeit? Grundsätzlich lässt sich sagen, dass jeder Mensch über seinen eigenen „Wertecocktail"[7] verfügt. Und daher tauschen wir uns über unsere Werte viel mit anderen aus, geraten aber auch immer wieder in Streit. Dabei merken wir, wie sehr uns unser Elternhaus geprägt hat. Und selbst wenn wir dem zum

Teil unbedingt entkommen wollen, gelingt uns das immer nur stückweise.

Strebt ein Mensch nun in seinem Handeln nach Besitz, Wohlstand und wirtschaftlichem Aufstieg, so orientiert er sich an materiellen Werten. Geistige, religiöse, sittliche und private Werte gehören dagegen zu den immateriellen Werten. Darunter fallen Wissen, Disziplin, Toleranz, Treue und Ehrlichkeit sowie Höflichkeit und Rücksicht.

Sind es unsere Wertvorstellungen, die uns blockieren, uns intensiver mit dem Thema Geld auseinanderzusetzen?[8] Wird jede Beschäftigung mit Geld gleichgesetzt mit dem rücksichtslosen Streben nach Macht und Reichtum? Geld hat kein gutes Image. Wer sich dem „schnöden Mammon" verschreibt, wird zu Geiz und Habgier verführt. Menschen handeln unmoralisch, wenn Geld beziehungsweise Reichtum das wichtigste Ziel in ihrem Leben wird. Das gilt es zu verhindern, daher wollen viele Eltern ihren Kindern vor allem immaterielle Werte vermitteln. Wohlstand alleine kann nicht das Ziel sein. Liebe, Freundschaft und gegenseitige Achtung gelten mehr als jedes Geld der Welt.

Welche Funktion haben nun die pauschale Gegenüberstellung von materiellen und immateriellen Werten und das Bekennen zu postmateriellen Werten als bewusste Abkehr vom Materiellen? Ist es in manchen Kreisen aus diesem Grund verpönt, sich mit dem Thema Geld auseinanderzusetzen?[9] Und sind „Geld und Konsum" deswegen so selten Gegenstand des Erziehungsprogramms von Familien, Kindertagesstätten und anderen pädagogischen Einrichtungen? Wird hier gar ein trojanisches Pferd vermutet: Lassen wir es herein, wird sich in unserer Mitte ein Virus ausbreiten und als Erstes unsere Kinder infizieren?

An dieser Stelle ist große Vorsicht geboten, denn schließlich haben wir in den vergangenen Jahrzehnten mit anschauen müssen, wie sich Wirtschaft, Werbung und Konsum ausgebreitet haben. Unverhohlen werden unsere Kinder bereits von Geburt an zur Zielgruppe ganzer Industriezweige und des Handels. Viele Menschen beklagen aufgrund der penetranten Einflussnahme eine wachsende Fremdbestimmung. Die Schlussfolgerung: Wir benötigen Inseln für unsere Kinder, die sie und uns schützen. Wir müssen Räume schaffen, die – wie in der Landwirtschaft – dazu dienen, bedrohte Arten vor dem Aussterben zu retten. Die aussterbenden „Arten", um die es hier geht, sind die immateriellen Werte.

Ja, in den vergangenen 50 Jahren haben sich Wirtschaft und Gesellschaft grundlegend verändert. Doch ist Rückzug als Reaktion auf diese Entwicklungen alternativlos? Warum wird so wenig darüber diskutiert, wie wir uns in dieser Lage vor allem als Eltern verhalten können?

Einerseits gibt es Abwertung, Distanz und Unmut materiellen Werten gegenüber. Andererseits finden wir es gut, wenn Menschen Verantwortung für ihre Lebensgestaltung und ihr wirtschaftliches Wohlergehen übernehmen und ihren Alltag konstruktiv bewältigen.[10] Wo zieht die Gesellschaft, wo jeder Einzelne von uns die Grenze zwischen „das ist an Wohlstand und Engagement erlaubt" und „das ist bereits Protzerei, Gier und Materialismus"? Verkennen wir bei einer pauschalen, emotionalen und sehr irrationalen Betrachtungsweise nicht, dass es heute wichtiger als jemals zuvor ist, Verantwortung zu zeigen?

Ein großer Teil der Bevölkerung lebt von Sozialleistungen. Hinzu kommt eine wachsende Anzahl an Verschuldungen, von denen immer häufiger Jugendliche und junge

Erwachsene betroffen sind.[11] Und ist es vielleicht sogar naiv zu glauben, dass „wesentliche Teile des alltäglichen Lebens […] von einem gesellschaftlichen Leben außerhalb der eigenen Lebenswelt abgeschottet werden können (in einem gleichsam vorgesellschaftlichen Naturzustand)"?[12] Dass ich mir also unabhängig von dem materiell dominierten Leben „da draußen" meine eigene kuschlige Wirklichkeit schaffen kann?

Echten Schutz bieten Auseinandersetzung und Konfrontation mit dem Thema Geld – nicht der Rückzug. Eine bewusste, altersgerechte und frühe Beschäftigung damit im Elternhaus ist wie eine Art „Schutzimpfung", die lange Zeit wirkt und unsere Kinder stark statt krank macht. Denn nur so eröffnen sich ausreichend Möglichkeiten, sich nicht nur mit materiellen, sondern auch mit immateriellen Werten und entsprechenden Fragen auseinanderzusetzen. Die immateriellen Werte bleiben nicht, wie oft befürchtet, auf der Strecke – sie können auf diese Weise sogar mehr Substanz erfahren, da sie nicht nur als Worte und leere Handlungsanweisungen fortbestehen, denn in der Auseinandersetzung füllen sie sich mit einer großen Portion echtem Leben.

Die Arbeit in diesem Themenfeld zeigt: Heute ist es wichtiger als je zuvor, dass junge Menschen mit grundlegenden Kompetenzen, Erfahrungen, Routinen sowie einer Mischung aus Verantwortungsbewusstsein, Motivation und Freude ihr Elternhaus verlassen, um sich in der Welt von morgen zurechtzufinden. Zu wünschen ist, dass sie für sich, ihre Familie und die Gesellschaft, in der sie leben, nicht nur aus wirtschaftlicher Sicht Sorge tragen. Die erfolgreiche Lebensgestaltung jedes Einzelnen baut im Alltag auf vielen Kompetenzen – den sogenannten Basiskompetenzen wie Frustrationstoleranz, Ausdauer, Widerstandsfähigkeit, Kooperationsfähigkeit oder Empathie – auf, die heute nicht mehr selbstverständlich vermittelt werden, sondern oft fehlen.[13]

Eine wichtige Funktion übernehmen wir Eltern in dieser Beziehung: Von uns hängt es ab, ob der Weg für Veränderungen frei gemacht wird. Wenn wir anfangen, uns für das Thema Geld zu interessieren, vielleicht sogar zu begeistern, dann können wir auch unsere Kinder motivieren, sich früh und altersgerecht mit diesem Teil des Lebens auseinanderzusetzen.[14]

Wie lernen Kinder den Umgang mit Geld?

Bildung ist ein Prozess, in dessen Verlauf sich eine Persönlichkeit entwickelt und formt. Von Anfang an geht es um eine Auseinandersetzung mit der Welt und ihren Dingen, der Natur und anderen Menschen.[15] Kinder lernen durch Fühlen, Hören, Schmecken, Ertasten, Beobachten und Nachahmen. Bildung ist somit ein langer Prozess mit vielen verschiedenen und unentbehrlichen Anregungen.

Schule, Elternhaus und die Bildung im Alltag
Lernen verbinden viele von uns mit ihrer Schulzeit. Wir haben gute und auch nicht so gute Erinnerungen an diese Phase unseres Lebens. Die Schule ist eben eine wichtige Größe in unserer Bildungsvita. Aber ist sie die prägendste? Was haben wir mitgenommen, woran können wir uns erinnern, was wissen oder können wir heute noch? Und was von unserem schulischen Wissen haben wir später im Leben gebrauchen können? Was hat uns geholfen, nicht nur im Beruf klarzukommen, sondern auch in vielen anderen Lebenssituationen?

Ich sitze heute neben meinen Kindern und staune, dass ich viele Dinge offenbar nicht mehr kann oder schlichtweg vergessen habe. Dazu gehören Gedichte, mathematische oder chemische Formeln, selbst Sprachen sind zum Teil verschüttet. Das finde ich frustrierend. Trotzdem weiß ich, dass ich aus der Schule auch eine Menge mitgenommen habe. Manche Erfahrungen kann ich jederzeit wachrufen, andere sind irgendwo in meinem Gedächtnis abgelegt. Und an wieder andere Dinge kann ich mich gar nicht mehr erinnern. Das ist aber nicht ungewöhnlich. Es sind meist eher unangenehme Erfahrungen, die Menschen unbewusst abspeichern.[16]

Die Schule wird von uns zur zentralen Instanz in Sachen Bildung gemacht. Lernen im institutionellen Kontext beginnt oftmals schon im Kindergarten und wird parallel zum schulischen Alltag auch in ergänzenden Angeboten praktiziert. Lehre, Hochschulstudium und berufliche Weiterbildungsangebote sind ebenfalls der formalen Bildung zuzuordnen.

Komme ich gut in der Schule zurecht und mache einen guten Abschluss, dann kann sich das positiv auf meinen späteren Lebensweg auswirken. Allerdings wird das Abitur mittlerweile derart aufgewertet, dass viele Eltern glauben, es sei der Garant nicht nur für den beruflichen und materiellen Erfolg ihrer Kinder, sondern auch für deren persönliches Wohlergehen. Natürlich sind Bildungszertifikate wichtig, aber: Welche Lerninhalte und Kompetenzen brauchen unsere Kinder, um später als Erwachsene nicht nur den Beruf, sondern auch andere Herausforderungen des Lebens zu meistern? Denn Bildung ist mehr als das, was man in der Schule lernt.

Durch die gewachsene Bedeutung der schulischen Bildung wird inzwischen oft vergessen, das Leben selbst stärker in den Blick zu nehmen.[17] Der Alltag von Kindern und Erwachsenen bietet nämlich reichhaltig Stoff und viele Gelegenheiten zum Lernen – und das ganz nebenbei, also „informell". Viele Aufgaben des Lebens müssen wir als Erwachsene bewältigen: Wir sollen mit anderen Menschen klarkommen, wollen vielleicht eine Familie gründen, müssen für deren materielle Sicherheit sorgen, einen Haushalt führen, streben danach, gesund zu bleiben und zufrieden zu sein. Wir sollen wissen, wie man ein Programm installiert, ein Spiegelei zubereitet oder eine Glühbirne wechselt. Doch wo und wie bekommen wir das Rüstzeug mit, um diese vielfältigen Aufgaben zu bewältigen? Wer zeigt uns, wie wir das Leben mit seinen guten und auch schwierigen Seiten anpacken? Und in welchem Zusammenhang erlernen wir den Umgang mit Geld?

All das bekommen wir nicht in der Schule beigebracht, sondern in der Familie. Vor allem die Eltern sind für Kinder eine zentrale Instanz. Wie sie ihre Kinder lieben, achten, nähren, wiegen, mit ihnen reden, ihnen die Welt zeigen, aber auch, wie sie den Alltag vorleben – all das prägt ein Leben lang. Die Bindung, die Beziehung, die wir zu unseren Eltern haben, ist elementar. Bildung im Alltag erfolgt vornehmlich durch die Eltern. Sie ist weder standardisiert noch in irgendeiner Weise strukturiert, sondern gründet sich auf viele Erfahrungen der Beteiligten und ist Teil unseres Lebens.[18] Aus jeder Situation können wir lernen, allerdings ist dies nicht zwingend. An manchen Tagen möchten Eltern vielleicht einfach, dass der Alltag mit all seinen Aufgaben und Herausforderungen funktioniert. An anderen wollen sie ihren Kindern etwas zeigen, ihnen etwas Konkretes vermitteln oder etwas gemeinsam mit ihnen erleben.

Ich denke da an die englische Mutter mit ihrer siebenjährigen Tochter, die ich in dem Sommer in Berlin treffe, in dem die britische Königin zu Besuch ist. Zunächst gehe ich hinter den beiden her und lausche der schönen Unterhaltung. Denn die Tochter fragt der Mutter Löcher in den Bauch. Es geht um die Monarchie, das Leben als Königin, den Zwang, jeden Tag in einem anderen Outfit vor die Tür treten zu müssen, und um die praktische Frage, wie die Queen eigentlich an die Kleider kommt, die ganz oben im Schrank hängen, da sie nicht besonders groß ist. Als wir schließlich an einer roten Ampel gemeinsam kurz warten müssen, erzählt mir die Mutter, dass sie ihre Tochter an diesem Tag aus der Schule genommen hat. Sie will, dass sich das Mädchen auch in vielen Jahren noch an diesen Ausflug und die Begegnung mit der Queen erinnert. „Das wird ein ganz besonderes Erlebnis", sagt sie voller Vorfreude, wenigstens einen kurzen Blick auf „ihre" Queen werfen zu können.

Manchmal lernen unsere Kinder im Alltag auch etwas, ohne dass wir damit gerechnet haben, es uns bewusst ist oder wir es willentlich darauf angelegt haben. Alltagsbildung kann uns und unsere Kinder nämlich direkt oder auf Umwegen zu neuen Erkenntnissen führen. Als Eltern gehen wir nach keinem Lehrplan vor, sondern stellen hin und wieder fest, dass unsere Kinder durch konkretes Handeln zu neuen Einsichten gekommen sind. Viele Eltern handeln intuitiv und versuchen in verschiedenen Lebenssituationen, ihren Kindern trotz des Alltagsstresses konkrete Lernimpulse und neue Erfahrungen zu ermöglichen. Dabei haben Mütter und Väter ihre ganz eigenen Vorstellungen davon, was sie weitergeben möchten, was sie ihren Kindern vor allem in den ersten Lebensjahren vermitteln wollen.[19]

Und wie ist es, wenn der Alltag einfach nur läuft, ohne dass sich die Eltern Gedanken darüber machen, ob das Kind etwas lernt? Wenn unsere Aufmerksamkeit nur auf die Bewältigung der kleinen und großen Aufgaben gerichtet ist? Wenn wir einfach versuchen, alles hinzubekommen oder unter einen Hut zu kriegen? Selbst dann lernen Kinder! Sie beobachten uns von Anfang an und machen sich ihr eigenes Bild: Wie treffen wir Entscheidungen? Wie lösen wir ein Problem? Was ist überhaupt ein „Problem"? Wie reden wir mit anderen und gehen mit ihnen um? Wie regeln wir unseren Alltag? Welche Prioritäten setzen wir – und sind es immer dieselben? Sind wir – nicht nur in unserer Prioritätensetzung – verlässlich, das heißt gleichbleibend in unserem Verhalten?

Eltern zeigen ihren Kindern täglich, wie sie ihr Leben managen. Sie sind eben die größten Vorbilder für ihre Kinder, vor allem in den ersten Lebensjahren. Und was die Kinder bei ihnen sehen, abspeichern und schließlich selbst nachahmen, prägt sie und ihr Handeln ein Leben lang. Durch ihre Eltern lernen Kinder auch die sogenannten Schlüsselkompetenzen: Planen, Prioritäten setzen, Geduld, Empathie, Konflikt-, Team- und Kritikfähigkeit. Die Anregungen hierzu kommen aus dem Alltag![20]

Das Kompetenzprofil von Kindern wird also durch viele Bereiche des Lebens und über einen sehr langen Zeitraum geformt. Eltern sind Vorbilder und geben ihren Kindern – bewusst oder unbewusst – eine Menge an Wissen, Fertigkeiten, Einstellungen, Werten und Gefühlen mit, auch im Umgang mit Geld. Sie sind Vorbilder, selbst wenn sie keinen Plan haben, nicht hingucken, keine Entscheidungen treffen und nicht über ein Thema sprechen. Sie sind es sogar dann, wenn ihre ganze Aufmerksamkeit etwas anderem gilt, nämlich der Bewältigung des Lebens in jeder Lage und an jedem Tag.

Aus dem Leben: Ida
Ida ist acht Jahre alt und geht in die zweite Klasse. Ihre Schule ist nicht weit von zu Hause entfernt, den Hort, in den sie nachmittags geht, erreicht sie zu Fuß und auch der kleine Garten der Familie befindet sich in Laufnähe. Ida freut sich, wenn sie mal alleine zum Kiosk flitzen darf. Aber beim Bäcker war sie noch nie alleine. Sie weiß auch,

warum: Die Theke ist sehr hoch, das Geld kann sie nicht auf die Ablage legen. Daher hat sie ein ungutes Gefühl, als sie an diesem Samstagmorgen Brötchen holen soll. Mama möchte das, denn Ida versteckt sich häufiger hinter ihrer großen Schwester und lässt ihr den Vortritt.

„Soll die doch gehen", sagt sie auch heute. Doch dann gibt sie sich einen Ruck.

Mama schreibt „Körner-, Laugen-, Mohn- und normale Brötchen" auf einen kleinen blauen Zettel, davor jeweils die Anzahl. Und Ida möchte unbedingt ein Schokobrötchen. Sie ist startklar und läuft los. Die Sonne scheint und Ida meistert ihre Aufgabe. Froh klingelt sie an der Tür und kündigt ihre Rückkehr an. In der Küche nimmt Mama die Brötchen fröhlich in Empfang und freut sich, dass ihre Tochter über ihren Schatten gesprungen ist. Dann legt sie die Brötchen in den Brotkorb. Doch, oh nein, die Hälfte fehlt! Was ist passiert? Ida hat wohl übersehen, dass vor jeder Brötchensorte die Anzahl stand, die sie kaufen sollte. Aber niemand ist böse und niemand schimpft. Das kann schließlich jedem mal passieren. Dann wird eben geteilt, und ein bisschen Toastbrot ist auch noch da.

„Mama", ruft Ida plötzlich, „du hast aber auch etwas vergessen! Du hast das Schokobrötchen nicht mit auf die Liste geschrieben. Habe ich aber trotzdem nicht vergessen", sagt sie stolz.

Die Bedeutung der Alltagsbildung

Durch die Dominanz der formellen Bildung hat die Alltagsbildung an Bedeutung verloren. Der Druck auf die Eltern, ihren Kindern eine gute – die beste! – Ausbildung zu ermöglichen, hat den Blick auf den Alltag und die eigenen Möglichkeiten, den Kindern wichtige Kompetenzen zu vermitteln, vernebelt. Was bedeutet dies in der Konsequenz? Nehmen Eltern die Vermittlung von Kompetenzen eher als Chance oder als lästige Bürde wahr? Oder vielleicht als beides?

Ergreifen Eltern die Chance, haben sie viele Möglichkeiten, ihren Kindern von früh auf einen guten Umgang mit Geld zu vermitteln. Denn die Grundlagen hierfür werden im Elternhaus gelegt. Umgekehrt heißt das: Wenn nicht hingeguckt, nicht gesprochen wird oder negative Einstellungen zum Geld im Elternhaus vorgelebt und praktiziert werden, dann legen Eltern ihren Kindern für die Zukunft Steine in den Weg. „Was Hänschen nicht lernt, lernt Hans nimmermehr" bedeutet in diesem Fall nicht, dass Hans überhaupt keine Chance mehr hat, noch irgendwas zu lernen. Aber es fällt ihm wesentlich schwerer. Als Hänschen hat er so viele Routinen verinnerlicht, die er als Hans zum Teil wieder ablegen muss. Und das ist eben viel schwieriger, als gleich die richtigen Routinen zu erlernen.

Als Kind wurde ich noch an viele Aufgaben des familiären Alltags herangeführt. Früh bekam ich die Verantwortung für eine Reihe von Arbeiten übertragen. Das, was die Erwachsenen machten und konnten, sollten auch die Kinder können – davon waren nicht nur meine Eltern überzeugt. Bildung war also vor Jahrzehnten noch nicht hauptsächlich auf die schulische Bildung reduziert. Eltern und Großeltern wussten, wie wichtig es war, ihre Kinder und Enkelkinder auf die Zukunft, das Leben vorzubereiten. Eine wichtige Rolle nahm die Hauswirtschaft ein. Das Haus war über lange Zeit für alle Familienmitglieder eine Einheit aus Arbeit, Leben und Wohnen. Auch meine Kindheit auf dem Bauernhof spiegelte das noch an vielen Stellen wider.

Im Gegensatz dazu ist das Leben von Familien heute viel stärker aufgeteilt. Eltern und Kinder müssen häufig weite Anfahrtswege zur Arbeit beziehungsweise Schule zurücklegen. Kinder bekommen nur selten mit, wie und womit die Eltern ihr Geld verdienen. Von ihnen wird hingegen früh erwartet, dass sie ihre schulischen Aufgaben gut und gewissenhaft wahrnehmen. Hauptverantwortliche für die Bildung sind die Schulen geworden. Die Eltern konzentrieren sich darauf, ihre Kinder beim Lernen für die Schule zu Hause zu unterstützen. Gleichzeitig ist das Elternhaus der Ort, an dem sich die Kinder von den Strapazen des Schulalltags erholen. Und so gerät das tägliche Lernen im Alltag – vom Einkaufen bis zum Wäschewaschen – in vielen Familien immer stärker in den Hintergrund: Die Kinder können Klaviersonaten spielen, haben den blauen Judo-Gürtel oder ein Zeugnis voller Einsen, aber staubsaugen und Wäsche zusammenlegen überfordert sie dermaßen, dass derlei Tätigkeiten zu stundenlangem Frust führen.

Derzeit wird vielerorts die Ausweitung der sogenannten ökonomischen Bildung an deutschen Schulen – von der Grundschule bis zum Gymnasium – gefordert. Diese Diskussion ist richtig, allerdings scheint mir noch wichtiger, dass der Lernort Elternhaus für Alltagskompetenzen der wichtigste überhaupt ist. Das betrifft neben dem Geld zum Beispiel auch die Themen Ernährung, Gesundheit oder Medien.

Eltern können für ihre Kinder eine Menge erreichen, wenn sie sich der Bedeutung ihrer eigenen Vorbildfunktion sowie des Alltagshandelns und -lernens bewusst werden. Insgesamt brauchen wir (wieder) ein breiteres Verständnis von Bildung. Nicht nur die formelle Bildung ist wichtig, sondern auch die informelle Alltagsbildung zu

Hause. Sie findet statt, egal ob wir hinschauen, wegkucken oder schweigen. Sie prägt unsere Kinder nachhaltiger als alles, was sie auf noch so guten Schulen lernen. Ein erwachsener Mensch hat schließlich etwa 70 Prozent seiner Kompetenzen auf informellem Wege erworben.[21] Eltern haben in diesem Punkt eine riesige Verantwortung.

Kinder und der gute Umgang mit Geld

Was ist eigentlich ein „guter" Umgang mit Geld? Ist „gut" überhaupt eine greifbare Größe oder nicht eher ungeeignet, um deutlich zu machen, worum es bei der täglichen Handhabung von Geld geht? Für „gut" gibt es keine universelle Definition. Zwei Menschen können völlig unterschiedlich mit Geld umgehen – und tun es trotzdem „gut". Oder sie gehen ähnlich mit Geld um, bewerten das aber ganz unterschiedlich. Damit sind wir auch schon bei der Krux mit dem Wort „gut": Es ist in diesem Fall nicht anwendbar.

Aber vom „guten Umgang mit Geld" ist trotzdem ständig die Rede.[22] Und es macht auch gar nichts, dass jeder etwas anderes darunter versteht, denn jeder kann das für sich selbst definieren. In diesem Sinne bitte ich die Verwendung in diesem Buch zu verstehen. In den USA wird übrigens vom „smarten" Umgang mit Geld gesprochen – auf Deutsch etwa intelligenter oder geschickter Umgang. Der Einsatz von „Köpfchen" ist immer „gut".

Wir alle gehen Tag für Tag mit Geld um, unabhängig davon, ob es uns gut oder schlecht gelingt. Selbst wenn wir versuchen würden, ohne Geld zu überleben, bräuchten wir trotzdem ein Dach über dem Kopf, ein Bett, etwas zu Essen, Kleidung, Drogerieartikel, einige andere Waren und vielleicht auch Dienstleistungen, um unser Leben bestreiten zu können. Und wir würden einen Gegenwert benötigen, um diese Dinge wenigstens im Tausch erhalten zu können. Menschen, die sich von der Geldwelt verabschiedet haben, lassen sich Dinge schenken. Sie treffen auf große Hilfsbereitschaft. Ihre Botschaft ist, auf Missstände aufmerksam zu machen: Unser soziales Leben baut vorwiegend auf Geld und seinen Gegenwerten auf, das Zwischenmenschliche gerät dabei in den Hintergrund, Überfluss führt an vielen Ecken zu Verschwendung und Einkommen und Besitz sind ungleich verteilt, sodass es wenigen gut und vielen schlecht geht.[23]

Für alle anderen, die keinen Geld-Boykott praktizieren, ist ein Leben ohne Geld dagegen nicht möglich. In der Regel arbeiten wir für Geld – wenn nicht, gibt es normalerweise eine soziale Absicherung –, wir haben ein Konto, wir begleichen unsere Rechnungen und geben Geld aus. Doch *wie* tun wir es? Mit welcher Einstellung begegnen wir diesen Aufgaben und den damit verbundenen Herausforderungen? Wie bewusst beschäftigen wir uns mit dem Thema? Oder lassen wir „das mit dem Geld" eher nebenherlaufen – mit eingeschränkter Aufmerksamkeit, Unwillen und damit auch mit mäßigem Erfolg? Wie lernen Kinder also einen „guten" Umgang mit Geld?

Sie lernen ihn durch ihre Eltern, im Alltag. Einfluss hat dabei, was Eltern ihren Kindern direkt vermitteln, wenn es um das Thema Geld geht. Weiter ist entscheidend, welchen Umgang die Eltern miteinander beim Thema Geld pflegen und wie innerhalb der Familie insgesamt über Geld gesprochen wird. Auch das nehmen Kinder in starkem Maße wahr.[24]

Auswirkungen auf die individuelle Herausbildung von Einstellungen, Gewohnheiten und Fähigkeiten im Umgang mit Geld haben auch die allgemeinen Rahmenbedingungen, die uns sowohl gesellschaftlich, politisch als auch wirtschaftlich umgeben. Denn wir sind immer „Kinder unserer Zeit". Und mit den starken Prägungen in unserem frühen Leben ziehen wir hinaus in die Welt und machen weitere Erfahrungen, die sich auf unsere Gefühle, Einstellungen und die Art und Weise auswirken, wie wir mit Geld jetzt und in Zukunft umgehen und umgehen wollen.

Kinder lernen also auf jeden Fall, und es sind die Jahre der Kindheit, die sie ein Leben lang prägen werden. Sie lernen von uns Eltern, ob wir diesen Prozess nun mit einem Konzept und bewussten Handlungen verknüpfen oder nicht, ob wir hingucken oder uns keine großen Gedanken machen. Selbst wenn wir versuchen, sie vor dem Geld und seinen Begleiterscheinungen zu „beschützen", lernen sie von uns. Einen kompletten Schutz, eine hermetische Abschirmung gibt es nicht – und wäre auch nicht sinnvoll. Denn unsere Kinder sind auch Teil der Gesellschaft. Sie gehen mit offenen Ohren und Augen durch die Welt.

Vieles um uns herum – von Geschäften und Werbeplakaten über Logos auf T-Shirts bis hin zu Obdachlosen auf der Straße –, das wir im Alltagstrubel übersehen oder nicht mehr bewusst wahrnehmen, saugen Kinder schon früh auf. Sie *müssen* damit irgendwie umgehen. Was lernen sie also, wenn wir mit oder vor ihnen wenig bis gar nicht über Geld sprechen? Dass Geld etwas Geheimnisvolles ist, über das besser Stillschweigen herrschen sollte? Welche Gefühle entstehen auf diese Weise bei unseren Kindern – und ist es das, was wir wollen? Sind wir uns unserer Vorbildfunktion an dieser Stelle überhaupt bewusst?

Wer reflektiert, über Geld redet, Gefühle und vor allem jede Frage seiner Kinder zulässt, steht schließlich besser da als derjenige, der verschweigt, bemäntelt oder ausklammert – und sei es in bester Absicht.

„Bricklebrit"
Bei diesem Spruch wirft der Goldesel im Grimm'schen Märchen *Tischchen deck dich, Goldesel und Knüppel aus dem Sack* seine Golddukaten aus. Die Geschichte beeindruckt mich bereits als Kind. Ich höre sie immer und immer wieder auf dem Plattenspieler meiner Eltern. Vor allem die gemeine Ziege hat es mir angetan, aber auch der strenge und ungerechte Vater. Und dessen Söhne, die trotz seiner Demütigungen kein anderes Ziel kennen, als zu ihm zurückzukehren, um ihm zu zeigen, was aus ihnen geworden ist. Die endlich die Anerkennung erfahren wollen, die ihnen der Vater so lange versagt hat. Schon als Kind finde ich es eigenartig, dass es nie zu einer Aussprache kommt und es kein Schuldeingeständnis oder keine Reue seitens des Vaters gibt. Nur Tisch, Esel und Knüppel führen die Familie wieder zusammen. Und wenn sie nicht gestorben sind, so leben sie noch heute – in Wohlstand und Frieden.

bricklebrit | Eltern. Kinder. Geld. gründete ich vor ein paar Jahren mit dem Ziel, ein von Banken, Versicherungen und anderen im Finanzbereich tätigen Unternehmen unabhängiges Angebot vor allem für Eltern zu entwickeln. Ich wollte „das Reden über Geld im Elternhaus" in der ganzen Republik bekannter und salonfähiger machen. Dazu fragte ich mich: Gibt es wirklich das Tabu, über Geld zu sprechen, oder ist es „nur" die mangelnde Einsicht, dass Kinder schon früh lernen dürfen, mit Geld und Konsum umzugehen? Was hindert Eltern daran, ihren Kindern dieses Thema altersgerecht und mit Freude nahezubringen oder wenigstens zu vermeiden, dass sie schon in jungen Jahren Verhaltensweisen verinnerlichen, die einen problemfreien Umgang mit Geld erschweren?

Seitdem schaue ich hinter die Kulissen und versuche in zahllosen Gesprächen, das Phänomen zu verstehen. Warum reden wir so ungern über Geld? Wie wichtig finden Familien das Thema und wie denken, fühlen und handeln sie? Wie offen gehen Eltern mit Geld und ihren Kindern um? Sehen sie die zunehmende Verschuldung von Jugendlichen, von der immer öfter die Rede ist, als Bedrohung, die irgendwann auch ihre Kinder betreffen könnte? Ziehen sie daraus die (fatale) Konsequenz, ihre Kinder möglichst lange von diesem „bösen" Thema fernzuhalten? Wie genau schauen wir hin, was wir tun? Sind wir bereit, unser Verhalten, Denken und Fühlen kritisch zu hinterfragen und Neues auszuprobieren?

Um mit möglichst vielen Eltern ins Gespräch zu kommen, mich mit ihnen auszutauschen, von ihren Erfahrungen zu hören und sie dazu zu bringen, sich mit dem Thema Geld und Konsum in der Familie auseinanderzusetzen, habe ich unterschiedliche Veranstaltungsmodule kreiert: Vorträge, Workshops, Projektwochen, Einzel- und Gruppengespräche sowie anwendungsorientierte Coachings zu Hause in der Familie, im Supermarkt oder in Shoppingmalls. Denn Eltern sind aufgrund ihrer immens wichtigen Bedeutung bei der Herausbildung eines guten Umgangs mit Geld die wichtigste Zielgruppe. Sie sind Vorbilder, Impulsgeber, Motivatoren für ihre Kinder. Egal, ob Eltern sich zu diesen elementaren Funktionen bekennen oder nicht – jedes Kind lernt das, was zu Hause vorgelebt und gemacht wird. Daher setzen meine Konzepte direkt bei den Eltern an.

Zentrale Orte meiner Tätigkeiten sind Kindergärten und Familienzentren. Dort habe ich die Möglichkeit, mit Eltern aus allen sozialen Schichten, Kulturkreisen und mit unterschiedlichen Bildungshintergründen zusammenzutreffen. Dazu kommen Kinder, die noch nicht in die Schule gehen. In diesem Alter haben Kinder ganz besonders viel Spaß und großes Interesse am Thema Geld. Gleichzeitig ist die Arbeit mit Pädagogen maßgeblich, denn sie sind es, die dieses Thema auf lange Sicht in den frühpädagogisch-institutionellen Alltag bringen.

Allerdings ist hier langfristig an der Aus- und Weiterbildung zu arbeiten, damit das Thema endlich einen anerkannten Status erhält und nicht auf der Ebene des individuellen Engagements verharrt, so wie es derzeit noch der Fall ist. Bis dies erreicht ist, bleibt nur der Weg über die Projektarbeit. Und die zeigt, wie konkret, vielseitig und kreativ die Umsetzung aussehen kann und welche Wirkung ökonomische Bildung hat, wenn sie früh, altersgerecht und an der Schnittstelle zwischen formaler und informeller Bildung ansetzt.

Ökonomische Bildung, zu der eben auch das gehört, was wir einen „guten Umgang mit Geld" nennen, ist kein anerkannter Bildungsbereich. (Notabene: Sie soll es Kindern und Jugendlichen ermöglichen, sich in der Welt zurechtzufinden. Ein Loblied auf ein bestimmtes System soll hier ebenso wenig vermittelt werden wie eine historische Aufarbeitung.)

Ich stelle fest, dass schon in der Frühpädagogik eine fast nicht zu überschauende Fülle an Bildungsaufgaben auf der Agenda steht. Immer wieder wird von den Erzieherinnen erwartet, weiterführende Angebote aufzunehmen. Unsere Gesellschaft verändert sich allerdings stetig und massive

Probleme aufgrund fehlender Alltags-, Verbraucher- und Finanzkompetenz nehmen stark zu. Insofern kann und darf die Themenfülle kein pauschales Argument gegen die Öffnung in Richtung Geld, Wirtschaft und Konsum sein. Es klafft eine riesige Lücke zwischen dem, was ein Heranwachsender heutzutage können muss (!) – spätestens mit der Volljährigkeit –, und der Bedeutung, die die genannten Themen im Bildungscurriculum tatsächlich haben. Es gibt die Option, interdisziplinär vorzugehen – so wie wir es im Alltag auch machen –, Schnittmengen mit anderen Themen zu bilden, wie etwa Ernährung, Gesundheit oder Medien. Das Thema Geld ragt in fast alle Bereiche unseres Lebens hinein, ob uns das nun passt oder nicht. Lasst uns diese Option nutzen, um einen ersten Einstieg zu finden! An dieser Stelle müssen wir einfach neu denken.[25]

Langfristig ist es sicherlich notwendig, dass sich ein eigenständiger Lehr- und Pädagogikbereich zum Thema Geld entwickelt. Den braucht es auch, um das Signal in die Elternhäuser zurückzugeben, dass man an dieser Stelle achtsamer, kreativer und vor allem aktiver werden muss. Alles andere ist nicht mehr sach- und zeitgemäß.

Erzieherinnen haben übrigens eine wichtige Türöffner- und Multiplikatoren-Funktion, die auch noch in Zukunft bestehen wird. Dabei sind sie häufig selbst unsicher, wie ihr eigenes Verhältnis zum Geld aussieht. Sie müssen auf viele Dinge im Alltag verzichten, denn die Vergütung von Pädagogen in Deutschland ist schlecht; große finanzielle Spielräume haben sie nicht. In ihrem beruflichen Alltag allerdings spielt das Thema Geld und Konsum oft eine Rolle – zum Beispiel indem Kinder Spielzeug mitbringen oder von den Eltern mit Süßigkeiten abgeholt werden. Auch Kleidung und Ausstattung, unter anderem mit

Rucksäcken, Turnschuhen oder Caps, werden zum Teil schon in dieser Altersgruppe zu einer wichtigen Frage des äußeren Erscheinungsbildes – vorgelebt und befördert durch die Eltern. Hinzu kommt für die Erzieherinnen die große Herausforderung, Kinder zu betreuen, deren Eltern Arbeitslosengeld II beziehen oder die als Flüchtlinge neu im Land sind. Pädagogen müssen sich also jeden Tag mit Geld, Konsum und Armut auseinandersetzen. Trotzdem wird so wenig darüber geredet. Schauen wir weg?

Die Praxis zeigt, dass der Bedarf groß ist, Orte und Möglichkeiten für einen offenen und ehrlichen Austausch zu schaffen, ganz gleichgültig, ob die Eltern viel oder wenig Geld haben. Dennoch werde ich immer wieder mit der Ansicht konfrontiert, dass sich meine Arbeit vorwiegend an Familien in prekären Lebensverhältnissen und an Geringverdiener richtet. Bei ihnen sei der Bedarf an Unterstützung schließlich am größten. Die Erfahrung lehrt hingegen, dass es nicht unbedingt eine Milieu- beziehungsweise Bildungsfrage ist, wie gut und offen in einer Familie mit dem Thema Geld umgegangen wird und welche Einstellung und Bereitschaft Eltern mitbringen, sich damit und mit ihren Kindern auseinanderzusetzen.[26] Natürlich sind heutzutage immer mehr Familien auf staatliche Transferzahlungen angewiesen, darunter besonders Eltern, die ein Kind allein aufziehen, ihre Arbeit verloren haben, krank geworden und somit in eine finanzielle Schieflage geraten sind. Und gerade ihnen fällt es im Alltag äußerst schwer, klarzukommen. Doch pauschal auf mangelnde Aufgeschlossenheit, auf Ignoranz und Unfähigkeit zu schließen, entbehrt jeder statistischen Realität.[27] Auch gut situierte Eltern schaffen es nicht immer, eine klare Position zum Thema Geld und Konsum in der

Familie zu vertreten und vorzuleben, ganz zu schweigen von der Bereitschaft, die eigene Haltung kritisch zu beleuchten. Schubladendenken ist also fehl am Platz – eine Erfahrung, die ich als Über-Geld-Sprecherin immer wieder mache.

Projektwoche im Kindergarten
Das erste Kindergartenprojekt darf ich in einem Familienzentrum in Bochum umsetzen.[28] Astrid, die Leiterin, ist sofort aufgeschlossen. Kaum haben wir uns gefunden, beginnen wir schon mit unserer Arbeit. Geplant ist eine Themenwoche zu Geld und Konsum. In der Vorbereitung konzipieren das Team und ich gemeinsam den Ablauf, wir tauschen uns aus und beziehen vor allem die Eltern von Beginn an in das Projekt mit ein.

„Astrid, welche Rolle spielen die Erwachsenen beim frühkindlichen Umgang mit Geld?"

„Jenseits des Themas Geld ist es üblich, dass sich Kinder meist zu unterschiedlichen Zeitpunkten für etwas interessieren. Das eine Kind fängt mit vier, das andere mit zwei Jahren an, egal in welchem Bereich. Aber was ist, wenn ein Kind nicht von alleine Interesse zeigt? Meist setzen wir Erwachsenen in einem solchen Fall die Anreize und die entsprechenden Impulse. Ein Kind kauft sich in diesem Alter kein Lernspiel, es sei denn, es kennt das Spiel aus der Werbung oder von einem Freund. Wir Erwachsenen sind es, die meist Wert auf eine bestimmte Kompetenz und deren Förderung legen. Daher kaufen wir zum Beispiel das Würfelspiel, mit dem das Kind die Zahlen trainiert. Wir leiten unsere Kinder an.

Ich glaube, mit dem Geld ist es ebenso. Aber welche Eltern kommen auf die Idee zu fragen: Willst du nicht heute die Brötchen bezahlen? Ich finde, es ist ebenso eine Art Spiel. Doch leider nehmen wir uns selten die Zeit beim Einkaufen. Wir spielen die Bedeutung von Alltagssituationen als Lernorte gerne herunter, warum auch immer. Und so gehen viele Erwachsene ohne ihre Kinder einkaufen, schieben Zeitgründe vor. Das ist die gängige Praxis. Es geht aber im Umgang mit unseren Kindern um das Anleiten und es geht in vielen Fällen um unser eigenes Verhalten. Ich glaube, es hat nichts damit zu tun, ob mein Kind nun zwei, drei, vier, fünf oder sechs Jahre alt ist oder wie viel Geld die Eltern verdienen. Die zentrale Frage lautet für jeden von uns: Wann fange ich damit an? Natürlich kann und darf das Kind sagen: Mama, zahl selber, ich habe keine Lust! Aber ich als Mutter oder Vater sollte ihm immer wieder die Möglichkeit geben."

Worum es mir geht
Vor allem möchte ich Interesse und Kreativität erzeugen – und dabei soll auch der Spaß nicht zu kurz kommen. Denn wer hat gesagt, dass Geld ein Thema ist, das man nur mit Ernst und finsterer Miene behandeln darf?

Als Über-Geld-Sprecherin bin ich in ganz Deutschland unterwegs und fast immer ist mein großer grauer Stoffesel dabei. Warum? Er ist ein Goldesel und schafft etwas, was sein großes Vorbild im Märchen nicht erreicht hat: Er wird um seiner selbst willen gemocht – und nicht wegen der vielen Golddukaten. Er zaubert Menschen ein Lächeln ins Gesicht, unabhängig von ihrer Herkunft, ihrem Geschlecht und Alter. Daher ist es mit ihm unter dem Arm möglich, mit Menschen sehr direkt ins Gespräch zu kommen: in meinen Veranstaltungen, auf der Straße, im Zug, bei einer Tagung oder Messe.

Ziel meiner Arbeit ist es, Menschen zu animieren, sich dem Thema Geld zuzuwenden. Ganz besonders gilt dies für Eltern und den häuslichen Alltag mit Kindern, da hier wenig über Geld gesprochen wird. Eltern berichten diesbezüglich oft nur von Situationen, die sie unter Druck und mit einer gehörigen Portion Unwillen erledigen. Selten erzählen sie, dass sie sich mit einem Glas Wein und ihrem Computer auf den Balkon setzen, um sich etwa der Steuererklärung zu widmen.[29]

Viele Menschen geben sich beim Geld also verkrampft und zugeknöpft. Das soll sich für unsere Kinder ändern: neue Einstellungen, anderes Verhalten, mehr Interesse, mehr Motivation, mehr Erfolg, mehr Spaß. Wie wär's? Ob in Veranstaltungen für Eltern, Großeltern, Kinder, Jugendliche oder Pädagogen, mit dem *bricklebrit*-Taschengeld-Konzept oder kleinen Geschichten zum Vorlesen für sehr junge Kinder – mein Ziel ist, Kindern möglichst früh, altersgerecht, spielerisch und mit Spaß den Umgang mit Geld zu vermitteln. Tag für Tag neu und immer gemeinsam mit den Eltern.

Eltern machen Geld zum Rätsel

Einen offiziellen Auftrag, mit Kindern über Geld zu sprechen, gibt es nicht. Im öffentlichen Bewusstsein ist auch nicht verankert, dass es Aufgabe der Eltern ist, ihren Kindern einen guten Umgang mit Geld zu vermitteln. Sogar im schulischen Umfeld tut man sich schwer damit. Ökonomische Bildung steht nicht selbstverständlich auf dem Lehrplan. Ebenso wenig tritt ein Finanzminister ans Rednerpult und spricht davon, wie wichtig das frühe Erlernen von Kompetenzen rund ums Geld für junge Menschen ist. Oder fällt das Thema in die Zuständigkeit des ökonomischen Verbraucherschutzes? Wie ist es mit den Ressorts Bildung, Soziales und Gesundheit?

Es gibt keine Klarheit und vor allem nur wenige, die das Thema auf die öffentliche Agenda setzen. Braucht es aber nicht gerade politische Akteure, wie etwa den nordrheinwestfälischen Verbraucherschutzminister Johannes Remmel[30], um auf die Bedeutung aufmerksam zu machen, um Schritt für Schritt einen Zustand zu beenden, der in unserer Gesellschaft über Jahrzehnte und Generationen hinweg zur Gewohnheit geworden ist: über Geld nicht zu sprechen? Damit könnte ökonomische Bildung irgendwann endlich als eigenständiger und relevanter Bildungsbereich anerkannt werden – etwas, das längst überfällig ist.[31]

Geheimnis Kommunikation

Wir können nicht *nicht* lernen. Wir können auch nicht *nicht* mit Geld umgehen. Und wir können nicht *nicht* kommunizieren. Letztere Aussage schreiben wir Paul Watzlawick zu, der die Regeln der verbalen und die Bedeutung der non-verbalen Kommunikation schon vor vielen Jahren herausgearbeitet hat.[32] So wissen viele von uns, dass wir auch mit unserem Mienenspiel, unserer Gestik, dem gesamten Körper kommunizieren. Dabei ist uns gar nicht immer klar, was wir unserem Gegenüber alles vermitteln – eben ganz nebenbei. Denn der Anteil des Unbewussten in der Kommunikation ist sehr hoch. Neben dem Inhalt geht es dabei auch immer um die Beziehung, die wir zueinander haben. Und darum, wie viel wir von uns offenbaren möchten. Hinzu kommt die Frage, was wir von unserem Gesprächspartner erwarten: Was soll er tun? Wozu möchten wir ihn bewegen?[33]

Egal wie wir kommunizieren, irgendetwas kommt immer an. Ist es aber das, was wir bewusst erreichen oder sagen wollten? Wohl nicht, denn auch unser Gegenüber unterliegt unterschiedlichen Einflüssen. Welche Botschaft auf den von uns genutzten Kanälen empfängt er am stärksten? Wovon hängt das ab? Und was geht sogar ganz unter? Kommunikation ist ein Prozess mit vielen verschiedenen Parametern, die sich ständig verändern. Eigentlich braucht es noch nicht einmal die Wissenschaft, sondern nur unsere menschliche Erfahrung, um zu erkennen, dass zwischenmenschliche Kommunikation immer wieder einer Fülle von Missverständnissen unterliegt.[34] Das gilt natürlich auch für die Kommunikation zwischen Eltern und Kindern.

Tabus und Tabubrüche
Häufig ist in unserer Gesellschaft von Tabus und Tabubrüchen die Rede. Wie oft sagt jemand zu uns: „Das ist für mich tabu", und meint, etwas nicht haben, angucken oder anfassen zu wollen. Doch wissen wir genau, was das ist, so ein Tabu? Nur weil es in aller Munde ist, sind die Besonderheiten dieses Phänomens nicht unbedingt allgemein bekannt.

Ein entscheidendes Kennzeichen eines Tabus ist, dass über die betreffende Sache nicht viel gesprochen wird. Oftmals ist das ein tradiertes Verhalten. Niemand vermag noch zu sagen, welche – vielleicht sogar rationalen – Gründe dazu geführt haben, dass etwas zu einem Tabu wurde.[35] Das Tabu hat sich über lange Zeit verselbstständigt und die Menschen haben die damit verbundenen Verhaltensregeln verinnerlicht. Bemerkenswert ist, dass ein Tabu trotz der fehlenden Erklärungen funktioniert, sogar bei denjenigen, die seinen Sinn nicht erkennen oder sich darüber ärgern. Im Gegensatz zu einem Verbot funktioniert ein Tabu nämlich intuitiv: Man denkt nicht darüber nach, sondern handelt ganz automatisch nach den Prämissen des Tabus. Über Verbote wird hingegen gesprochen, diskutiert und gestritten. Deswegen sind sie verhandelbar, Tabus nicht.[36]

Ein weiteres Kennzeichen eines Tabus ist, dass es sich überwiegend um etwas negativ Definiertes handelt, „etwas soll nicht gesagt, gemacht oder gedacht werden".[37] Da das jedoch nicht immer leicht zu akzeptieren ist, spiegeln sich in Tabus viele Gefühle wider, meist sehr starke. Die Aufladung mit Gefühlen ist eine weitere Besonderheit eines Tabus.

Mit dem Tabu wird auch automatisch „gutes" und „schlechtes" Benehmen definiert. Ein Tabu hat also auch die gesellschaftliche Funktion, Menschen in ihrem Handeln Orientierung zu geben. Es erleichtert Entscheidungen und das Zusammenleben, wenn nicht jede Handlung neu geklärt oder überlegt werden muss. Das Tabu schafft somit für den Einzelnen Entlastung: Jeder weiß, wie er sich verhalten soll, was er sagen darf und was er besser bleiben lässt. Die erlebte Sicherheit freilich ist trügerisch, denn das Tabuisierte verschwindet ja nicht, es wird nur versteckt und kann seine Kräfte in aller Ruhe voll entfalten. Und halten wir uns auch an die Regeln oder nicht? Verhalten wir uns anständig? Und wenn nicht, schämen wir uns dafür, weil wir wissen, dass wir gegen die gesellschaftliche Norm verstoßen haben?

Spannend ist zudem, wie ein Tabu in die nächste Generation getragen wird. Wie verhalten sich Eltern, wenn ihre Kinder das Tabu übertreten – sei es durch ihr Handeln oder mit Worten?[38]

Beim Thema Geld, wie auch bei der Sexualität, ist es übrigens nicht die Sache selbst, die einem Tabu unterliegt. Schließlich gehören diese Bereiche zum menschlichen Dasein. Eltern schreien nicht hysterisch: „Stopp!", wenn ihr Kind Geld in die Hand nimmt und damit spielt. Es ist das Sprechen darüber, auf das sich das Tabu bezieht, vor allem die Art und Weise, *wie* über Geld gesprochen werden darf. Denn in unserer Gesellschaft reden Menschen sehr wohl über Geld. Wir diskutieren in der Öffentlichkeit über Griechenland, den Bau des Berliner Flughafens, Verbrauchertipps, Kredite und Zinsen. Oft wird sogar beklagt, dass zu viel über das „liebe Geld" geredet wird. Dabei geht es ums Kaufen, Konsumieren, Anlegen oder Sparen. Geld scheint in unserer Gesellschaft omnipräsent. Gibt es vielleicht gar kein Tabu mehr? Haben wir das „Rede-Verbot" vergangener Tage überwunden?

Nein. Was in Deutschland gesellschaftlich wenig bis gar nicht akzeptiert wird, ist das Sprechen über private Finanzen.[39] Ich habe den Eindruck, dass die persönlichen Finanzen heute sogar ein größeres Geheimnis darstellen als Fragen nach unserer Sexualität. Auf einer Party fragen wir in einer netten, unverbindlichen Unterhaltung unseren Gesprächspartner nicht nach der Höhe seines Gehaltes. Wie viel verdienen Sie eigentlich? Diese Frage kann heftige Reaktionen auslösen: Das geht niemanden etwas an! Das darf man doch einen anderen nicht einfach so fragen! Das ist tabu! Wie können Sie nur? Beim Thema Einkommen beschreibt man eher nebulös, dass es einem finanziell „ganz gut" geht, das Gehalt „angemessen" ist oder „es reicht". Statt finanzieller Probleme ist es „gerade etwas eng". Niemand käme auf die Idee, diese Umschreibungen auflösen zu wollen: Was meinen Sie konkret? Wie eng ist es denn? Nicht einmal bei Freunden oder Verwandten würde man nachfragen. Ganz offensichtlich würde das als Grenzüberschreitung wahrgenommen. Und wer gesellschaftliche und private Grenzen übertritt, wird zurechtgewiesen. Insofern ist unser Aktionsradius, dieses Thema betreffend, eingeschränkt.[40]

Gleichzeitig werden wir vor den Fragen anderer geschützt, die uns unangenehm sein können, uns unsere eigenen unguten Gefühle oder unser tatsächliches Finanzgebaren vor Augen führen. Habe ich viel, habe ich wenig? Was verdienen andere, was sagt mein Gehalt über mich und meine Leistungsfähigkeit aus? Was bin ich wert, wenn ich wenig verdiene? Habe ich versagt? Und wenn ich viel verdiene: Sind andere neidisch auf mein Geld und das, was ich erreicht habe? Insbesondere die Verknüpfung des Werts eines Menschen mit Geld lässt uns diesbezüglich lieber schweigen.[41]

So tabuisiert wie die Frage nach der Höhe des Einkommens ist fast jede Frage zum Thema Geld. Ob jemand vorteilhaft versichert ist, klärt er lieber in einem anonymen Vergleichsportal als im Gespräch mit Freunden. Ebenso wird kaum darüber gesprochen, ob jemand einen Überblick über seine wöchentlichen Ausgaben hat, wie viel Rationalität beim Kauf eines Möbelstücks, eines Autos oder eines „guten" Lebensmittels im Spiel ist, ob die bequemste und schnellste Reiseverbindung wirklich sein muss, auch wenn sie ein Vielfaches kostet etc. Selbst ein kostspieliges Hobby wird nicht hinterfragt. „Das gönn' ich mir halt."

In anderen Ländern, beispielsweise in den USA, ist ein Small Talk über die Geschäfte und Finanzen eine Selbstverständlichkeit. Wir dagegen haben uns an die Tabus gewöhnt. Meist fällt es nicht schwer, sich daran zu halten. Wir haben die Taburegeln vor langer Zeit verinnerlicht und stellen sie nicht infrage. Kinder haben bereits ein starkes Gespür für Tabus. Sie merken, dass es etwas gibt, worüber nicht offen gesprochen wird – warum auch immer. Vielleicht gab es irgendwann die eindeutige Zurechtweisung durch die Eltern, nachdem das Kind gefragt hatte: „Oma, wie viel Geld hast du eigentlich und werde ich es erben?", „Papa, was kostet das Haus, das wir gekauft haben?", oder: „Mama, haben wir Schulden oder sind wir reich?"

Kinder machen sich ihre eigenen Gedanken. Schweigen die Eltern zum Thema Geld oder halten viel von ihren Kindern fern, dann ist Geld für Kinder ganz automatisch negativ besetzt. Aber nur mit Kompetenzen, die sie früh und offen im Elternhaus erlernen, ermöglichen wir ihnen einen sicheren Start ins Leben.[42]

Reaktionen aus dem persönlichen Umfeld

Als Über-Geld-Sprecherin konzipiere ich im ersten Schritt Veranstaltungen, im zweiten geht es in die Praxis. Einer meiner ersten Termine findet in Hamburg statt. Da meine Kinder gerade Schulferien haben, nehme ich sie mit und wir fahren in mein Heimatdörfchen in der Lüneburger

Heide zu meinen Eltern. Dort können sie bleiben und ich mache mich am nächsten Tag auf den Weg nach Hamburg.

Am Abend komme ich mit meiner Mutter ins Gespräch, die von mir wissen will, was sich bei mir beruflich getan hat. Wir haben längere Zeit nicht mehr darüber gesprochen. Also erzähle ich ihr von meinen Plänen mit meinem neuen Unternehmen. Ich erkläre ihr meinen Grundgedanken, mit Menschen über Geld zu sprechen, doch weiter komme ich nicht.

Aus meiner Mutter bricht es schon nach kürzester Zeit heraus: „Oh Gott!"

Ein Albtraum. Ich habe mich selbstständig gemacht, monatelang Zeit und Energie in die Umsetzung meines Planes gesteckt, nur um dann von meiner Mutter diese Reaktion zu bekommen. Dennoch entscheide ich mich gegen eine klassische Tochter-Reaktion und versuche es möglichst professionell.

Ich schlucke und frage nach: „Was meinst du?"

Es beschäftigen sie zwei Dinge. Erstens: „Das hast du doch gar nicht gelernt."

„Nein, Mama, dafür gibt es keinen Ausbildungsgang. Aber ich finde, es braucht unabhängige Über-Geld-Sprecher, weil Finanzberater und Bankangestellte eben keine sind. Denen geht es in erster Linie nämlich nicht um aufgeklärte Konsumenten, sondern um Kunden. Da kann eine Broschüre für Kinder noch so gut gemacht sein – ihr eigentliches Ziel sind Kinder, die schon früh Markentreue entwickeln, und Eltern, die diese Broschüre toll finden und zu Kunden werden. Es braucht Unabhängigkeit! Denn nur die garantiert einen individuellen Blick, der auch das ganz persönliche Drumherum sieht. Nur die zeigt, dass Geld mit ganz vielen Gefühlen, Eigenschaften und Kompetenzen verknüpft ist. Und nur die bietet echten Schutz davor, dass der gestern noch so nette Herausgeber einer bunten Kinderbroschüre morgen mit einem sinnlosen Konsumkredit – für die kleinen Wünsche zwischendurch – erneut Einzug in mein Haus hält. Mit meiner Idee bin ich also irgendwie eine Tabu-Brecherin, wenn du so willst."

Dann kommt der zweite Einwand meiner Mutter: „Wenn ständig und überall über Geld geredet wird, dann werden Kinder ja noch viel konsumorientierter, als sie ohnehin in der heutigen Zeit schon sind."

Habe ich das richtig verstanden? „Wer redet, will also automatisch mehr?", frage ich sie. Vor mir taucht das Bild eines Vaters auf, der mit seinen Kindern wieder und wieder das Überqueren der Straße einübt. Warum? Damit die Kinder später nur um des Überquerens willen begeistert Fußgängerampeln nutzen? Nein – weil er Risiken sichtbar machen und richtiges Verhalten einüben will!

Ich begreife plötzlich, woher die Angst meiner Mutter – und nicht nur ihre – rührt und welche Gefahr ich ausstrahle.

„Kannst du nicht alles so lassen, wie es ist?", höre ich sie in fernen Kindertagen sagen. „Musst du denn immer den Finger in die Wunde legen?"

Eltern, Kinder, Geld – gestern und heute:
eigene Erfahrungen

„Das geht niemanden etwas an", höre auch ich als Kind. Auf einem Bauernhof in der Lüneburger Heide erfahre ich von meinen Eltern nichts über die Finanzen oder ihren Umgang mit Geld: Wie viel verdient mein Vater mit dem Verkauf von Kartoffeln, Getreide und Schweinen? Wie muss er rechnen? Wie viel kostet es, sieben Personen eine

Woche lang zu ernähren? Und um das Dach des großen Bauernhauses neu zu decken, ist bestimmt auch eine Menge Geld in die Hand zu nehmen. Nur, wie finanzieren meine Eltern das? Woher kommt das Geld?

Nein, meine Eltern nehmen mich nie zur Seite und erzählen mir altersgerecht vom Leben. Was bleibt, sind meine eigenen Beobachtungen. Viele Informationen fehlen jedoch, denn leider ist es schon in meiner Kindheit so wie für viele Kinder heute: Das Geld ist nicht zu sehen. Ich kann nicht sehen, wie mein Vater neues Saatgut kauft, weil er dazu nicht in einen Saatgut-Supermarkt fährt. Kartoffeln, Weizen, Schweine werden geliefert, die Schweine wieder abgeholt. Kein Handschlag ist zu beobachten, der auf einen Handel hindeutet. Alles kommt, ist da und geht wieder.

Nicht auszumachen sind auch die Motive, nach denen meine Eltern handeln. Was planen sie, wie versuchen sie, Geld zu verdienen? Warum haben sie Schweine und keine Pferde, so wie ich es mir wünsche? Natürlich gibt es im Umgang mit Geld sehr viele unterschiedliche Strategien, Möglichkeiten und Entscheidungen. Wie viele andere Kinder bekomme ich meist wenig davon mit, wie und nach welchen Kriterien meine Eltern bestimmte Entscheidungen treffen. Ich sehe nur die Ergebnisse. Ob es Alternativen gibt, die besser oder schlechter sind, ist für mich als Kind nicht einzuordnen.

Manchmal klagen meine Eltern über die schlechte Ernte, weil es zu nass, zu kalt oder zu trocken ist. Das Wetter hat massive Auswirkungen auf den Gewinn, den meine Eltern machen. Die damit verbundenen Sorgen bekommen wir Kinder hautnah mit, denn die familiäre Stimmung verschlechtert sich. Wir arbeiten zwar von Anfang an fleißig mit – nach der Schule, in den Ferien –, aber wir werden nie mit einbezogen und die jeweilige Situation wird uns nicht erklärt. Wir sollen uns raushalten, und das tun wir. Ich empfinde das jedoch als sehr belastend und bleibe häufig allein mit meinen Ängsten und Sorgen um die finanzielle Existenz des Betriebes und der Familie.

Als der Schrotthändler, der unregelmäßig auf unseren Hof kommt und immer mal wieder etwas mitnimmt, meinem Vater einmal 10 Mark in die Hand drückt, ruft mein Bruder erleichtert: „Papa, jetzt weiß ich endlich, woher das Geld kommt!"

Und auch ich bin beruhigt.

Die Situation bis Mitte des 20. Jahrhunderts

Wie wuchsen Kinder früher auf? Jahrhundertelang unterschied sich die Kindheit nicht stark vom Erwerbsleben der Erwachsenen. Kinder waren vor allem Arbeitskräfte und trugen seit der Einführung der Lohnarbeit in Landwirtschaft und Industrie direkt zum Einkommen der Familie bei. Bis zur Abschaffung der Kinderarbeit war es allerdings ein langer Weg.[43] Der systematische Ausbau des Bildungssystems seit Mitte des 19. Jahrhunderts hatte daran einen großen Anteil. Durch die zwei Weltkriege, Inflation und Weltwirtschaftskrise blieb die Beschäftigung von Kindern bis weit ins 20. Jahrhundert hinein jedoch faktisch bestehen. Eltern nahmen ihre Kinder nach wie vor aus der Schule, damit sie ihren Teil zum Familieneinkommen beitrugen. Denn für viele waren Knappheit und Armut bitterer Alltag.

Das sollte sich nach dem Zweiten Weltkrieg ändern. Immer mehr Menschen kamen in den Genuss des wachsenden Wohlstandes und Konsums. Allerdings blieb das Sparen in all den Jahren „oberste Erziehungsmaxime".[44] Spare in der Zeit, so hast du in der Not. Wer den Pfennig nicht ehrt, ist des Talers nicht wert. Auf Sparen folgt Haben. Noch heute nennen viele Menschen auf die Frage, was sie von ihren Eltern zum Thema Geld gelernt haben, auffallend häufig das Sparen[45] – meist diffus und lediglich im Sinne von „nichts ausgeben".

Kinderarbeit wurde 1960 verboten. Trotzdem verdienten sich Kinder und Jugendliche weiterhin ihr eigenes Geld, das sie – auch wenn sie schon in der Ausbildung waren – als Anteil zum Lebensunterhalt an die Eltern abtraten. Bis zur stückweisen Unabhängigkeit dauerte es noch lange. Pädagogisch stand hinter dieser Praxis die Idee, jungen Menschen vor allem den Wert des Geldes näherzubringen. In den 1950er- und 1960er-Jahren fingen Eltern – zunächst in gehobenen und bürgerlichen Kreisen – zudem an, ihren Kindern Taschengeld auszuzahlen. Nicht selten war es allerdings noch gekoppelt an die Erledigung von Aufgaben im Haushalt, auf dem Hof und in der Familie. Auch gab es strikte Vorgaben, wie mit dem Geld umzugehen sei. Doch langsam, aber sicher setzte sich das Taschengeld als „bedingungsloses Eigengeld" für Kinder durch.[46]

Aus dem Leben: mein Bruder
Ich frage meinen großen Bruder nach dem Wert des Geldes. Er erinnert sich. Schon früh hat er gelernt, ihn zu bemessen. Und das kommt so: Wir haben damals 14 Kühe im Stall: Edda, Gerda, Berta ... Er kennt noch all ihre Namen. Im Kuhstall bekommt er seinen ersten bezahlten Job. Den muss sich mein Bruder hart erkämpfen. Denn wir helfen unsere gesamte Kindheit und Jugend auf dem Hof mit, werden dafür aber nicht bezahlt.

„Mir ist es gelungen, eine Arbeit auf unserem Hof ausfindig zu machen, die noch nicht im Katalog der Selbstverständlichkeiten aufgeführt war. Ich glaube, das lag daran, dass ich irgendwo die Kuhputzmaschine gefunden hatte, die gekauft, aber nie benutzt worden war. Ich sah darin meine entscheidende argumentative Chance: Die Anschaffung der Maschine bedeutete ja, dass die Arbeit, die sie verrichten sollte, als sinnvoll erachtet worden war. Und die Tatsache, dass diese Investition ungenutzt herumlag, bewies, dass unser Vater diese Arbeit offenbar nicht selbst machen wollte, aber es bisher versäumt hatte, sie jemandem aufzudrücken. Insofern hatte ich Glück, dass ich – und das ist jetzt eine Vermutung, genau weiß ich es nicht mehr – ihn gefragt habe, was ich denn wohl dafür bekommen könnte, wenn ich das Küheputzen übernehme. Und so kam es, dass ich pro Kuh 50 Pfennig erhielt, das heißt bei 14 Kühen 7 Mark. Allerdings durfte ich maximal nur alle 14 Tage arbeiten, damit ich den Betrieb nicht in den Ruin trieb. Der zeitliche Aufwand war etwa zwei bis zweieinhalb Stunden. Wann es losging, weiß ich nicht mehr. Die Kühe wurden 1975 oder 1976 abgeschafft, da war ich 12 oder 13 Jahre alt."

Ein paar Wochen nach unserem Gespräch erhalte ich folgende E-Mail von meinem Bruder: „Auf den wichtigsten Aspekt der Kuhputzgeschichte für dein Interessengebiet bin ich erst heute gekommen: Zumindest während und eine gewisse Phase nach dieser Zeit ist der Gegenwert des Küheputzens zu meinem persönlichen Referenzsystem geworden. Wenn es etwas zu kaufen galt, dann habe ich mir immer überlegt, ob der Preis dafür in der Währung ‚eine Kuh putzen = 50 Pfennige' okay ist. Wenn etwas also 9,90 Mark kostete, dann war die Frage, ob ich dafür

20 Kühe putzen würde. Und so geht es mir manchmal heute noch: Wenn eine Glühbirne mit mittlerweile veralteten 100 Watt eine Stunde brennt, überlege ich mir, dass ich auf meinem Hometrainer dafür eine halbe Stunde 200 Watt treten müsste. So bekomme ich bis heute eine einigermaßen konkrete Vorstellung zu einem abstrakten Wert."

Kindheit heute
Kindheit ist heute die Phase im Leben eines Menschen, die im Wesentlichen von den Eltern und ihren Vorstellungen vom Aufwachsen und dem Erwachsenwerden geprägt wird.[47] Über Jahrzehnte hat sich das Tabu halten können, über Geld und private Finanzen zu sprechen, obwohl sich vieles in unserer Gesellschaft verändert hat: Der soziale Wandel hat es mit sich gebracht, dass seit den 1970er-Jahren immer weniger Menschen heiraten und sich immer mehr scheiden lassen. Die Geburtenrate sinkt kontinuierlich und die Anzahl der Kinder, die bei nur einem Elternteil aufwachsen, steigt. Es gibt eine Vielzahl an unterschiedlichen familiären Lebensformen.[48] Dazu kommt, dass etwa 60 Prozent der Frauen mittlerweile berufstätig sind, wenn auch sehr häufig in Teilzeit, um Familie und Beruf besser vereinbaren zu können.[49] In den 1980er-Jahren lag der Anteil der berufstätigen Frauen in Westdeutschland noch bei etwa 50 Prozent, in der DDR bei fast 90 Prozent.[50]

In den vergangenen 50 Jahren hat sich auch eine Menge im Verhältnis zwischen Eltern und Kindern getan. Waren die Leitbilder der Erziehung bis in die 1960er-Jahre hinein noch stark am autoritären Modell orientiert, wurden später Selbstständigkeit und freier Wille immer stärker gefördert.[51] Schritt für Schritt ging es darum, Kinder anzuhören und zu verstehen, anstatt zu bestimmen. Heute sind zahlreiche Institutionen und Personen an der Erziehung von Kindern beteiligt. Kindergärten, Schulen und private Dienstleister spielen eine immer wichtigere Rolle, ihr Einfluss ist gewachsen.[52]

Das war früher anders. In Westdeutschland wurde die Kinderbetreuung und -erziehung vorwiegend innerhalb der Familie sichergestellt. Doch auch wenn Eltern heute dabei immer häufiger auf die Unterstützung durch Dritte angewiesen sind, bedeutet dies nicht, dass die Kinder für sie weniger wichtig geworden sind. In den westlichen Industrieländern haben Kinder in der Familie zwar keine ökonomische Bedeutung mehr, eine Funktion erfüllen sie offenbar trotzdem: Immer öfter ist davon die Rede, wie Eltern heutzutage um ihre Kinder kreisen.[53] Das Bedürfnis nach Status und gesellschaftlicher Anerkennung wird nicht selten auf die eigenen Kinder übertragen.[54] Kinder werden zu einer Art „Entwicklungsprojekt" der Erwachsenen: Mein Kind soll in Zukunft … Dem steht das Streben der Kinder nach Autonomie im Hier und Jetzt gegenüber.

Der Markt macht sich diese Differenz zu eigen und ist letztlich zu einer wichtigen Einflussgröße auf die Entwicklung von Kindern geworden.[55] In einer Gesellschaft, in der Profit und Wachstum wichtige Elemente sind, geraten Familien und vor allem Kinder als Zielgruppen mehr und mehr in den Fokus – es ist zu Recht von der Kommerzialisierung der Kindheit die Rede. Der Markt beziehungsweise seine Akteure sprechen Kinder direkt oder indirekt über ihre Eltern an. Der Umgang mit Konsum ist heute für alle Familien gesellschaftliche Realität. Zwar werden Kinder vom Gesetzgeber weitestgehend geschützt, indem sie keine autonomen Rechte als Verbraucher haben.[56] Als Minderjährige bleibt ihr Handeln am Markt daher an den Willen der Eltern gekoppelt. Dennoch ist die Ansprache wirksam: Kinder haben auf viele familiäre Konsumentscheidungen Einfluss – und damit auf Umsätze in Milliardenhöhe.[57]

Je nachdem, wie und wo ein Kind aufwächst, wird der schrittweise Prozess des Aneignens und Ausprobierens, der sich immer zwischen den Polen „Schutz" und „Autonomie" bewegt, abweichend bewertet und umgesetzt. Wie Eltern Schutz letztlich auslegen, ist ebenfalls unterschiedlich. Derzeit ist festzustellen, dass Schutz eher als Abschottung denn als aktive Aufklärung definiert wird.

Insgesamt kann man vereinfacht sagen: Die Kinder von heute haben Kohle, aber keine Ahnung von ihr.[58]

Frauen und Geld – ein Rückblick
In vielen Familien in Westdeutschland war Geld noch bis in die 1960er- und 1970er-Jahre hinein allein Sache des Mannes. Frauen hatten häufig keinen Beruf, führten den Haushalt und sorgten für die Kinder. Nur wenige von ihnen waren finanziell unabhängig.

Frau Meyer aus Stuttgart erzählt: „Mein Mann arbeitet bei einer Bank, unsere Kinder werden 1963 und 1965 geboren. Ich bin Hausfrau. Wenn ich mich an die 60er-Jahre erinnere, dann fällt mir ein, dass ich zunächst nicht weiß, wie viel mein Mann im Monat verdient. Das ist seine Angelegenheit. So machen es alle Ehemänner, die wir kennen. Sie geben ihren Frauen in diesen Tagen ein Haushaltsgeld, mit dem sie auskommen müssen, oder eröffnen ihnen ein Konto, auf das sie dieses Geld zahlen. Aber Einblick in die Finanzen des Ehemannes haben nur wenige Frauen. Mein Mann will das so nicht. Das kommt ihm komisch vor. Ich weiß über unsere Finanzen Bescheid, bekomme ein angemessenes Haushaltsgeld und dazu noch ein Konto mit Geld für mich zur freien Verfügung. Ich kann mir also mal ein Kleid kaufen, ohne dass der Haussegen schief hängt. Er sagt oft zu mir, dass ich ja genauso arbeite wie er, nur dass ich eben kein zusätzliches Geld verdiene. Daher will er teilen.

Ich erinnere mich genau, wie überrascht unsere Freunde sind, als mein Mann ihnen davon erzählt. Alle Männer arbeiten wie er bei der Bank und halten ihre Frauen von den Finanzen fern. Die Freunde meines Mannes sind sprachlos. Über Geld sprechen Männer in diesen Jahren mit ihren Frauen nicht, weil es ein Stück Macht ist, das sie nur ungern aus der Hand geben. Schließlich können sie so auch mit dem Geld machen, was sie wollen, ohne dass ihnen jemand reinredet, auf die Finger schaut oder vielleicht sogar noch ein Stückchen vom Kuchen abhaben möchte. Allerdings reden wir mit unseren Kindern in diesen Jahren noch nicht über Geld und unsere Finanzen. Auf die Idee kommen wir gar nicht. Sie bekommen aber Taschengeld. Das fing bei uns damals auch gerade erst so an."

Geld-Botschaften

Eltern redeten also wenig bis gar nicht über Geld miteinander und ließen ihre Kinder nur selten in ihre persönlichen Finanzen schauen. Dennoch verzichteten sie nicht darauf, ihren Kindern Geld-Botschaften zu übermitteln, nicht hinterfragte Lebensweisheiten, die den Kindern „mit auf den Weg" gegeben wurden: Man kann nicht mehr ausgeben, als man hat. Halte dein Geld zusammen, gib es nicht für Überflüssiges aus. Geld muss verdient sein. Spare in der Zeit, so hast du in der Not. Geld fällt nicht vom Himmel oder liegt auf der Straße. Geld ist nicht alles im Leben.

Geld allein macht nicht glücklich. Borgen bringt Sorgen. Beim Geld hört die Freundschaft auf. Das letzte Hemd hat keine Taschen. Einem geschenkten Gaul schaut man nicht ins Maul. Gibst du mir, so geb' ich dir. Faulheit lohnt mit Armut. Es ist nicht alles Gold, was glänzt.

Sprüche dieser Art wurden in vielen Elternhäusern wieder und wieder präsentiert. Diese „Lebensweisheiten" kamen nicht selten ungefragt, in autoritären Lehrstunden. Sie waren manchmal vorwurfsvoll, empathielos, oft ohne nachvollziehbaren Bezug zur Realität – man konnte sie nicht einordnen. Doch sie kamen von unseren Eltern, der zentralen Instanz in unserem Leben. Ihr Wort, ihr Urteil, ihre Einstellungen waren in den ersten Lebensjahren für uns das Nonplusultra – wenigstens bis zur Pubertät.[59] Hinzu kamen die vielen non-verbalen Botschaften und die Art und Weise, wie faktisch zu Hause mit Geld umgegangen wurde.[60] Wie häufig kam es vor, dass zwischen dem, was die Eltern predigten, und dem, was schließlich praktiziert wurde, Welten lagen? Dennoch haben wir diese Botschaften verinnerlicht. Sie haben ihre Wirkung nicht verfehlt, sie prägen uns und unser Verhalten im Umgang mit Geld bis heute.

Abhängig davon, wie autoritär oder „partnerschaftlich" eine Familie aufgestellt war, lässt sich ab Mitte der 1960er-Jahre ein zunehmendes Einbeziehen der Kinder in Geldangelegenheiten nachweisen, etwa in den Bau eines Hauses oder die Planung eines Urlaubes.[61] Im Rahmen einer Befragung gaben gut 60 Prozent der Eltern allerdings an, dies nicht zu tun. Auch in diesen Jahren waren in der Kindererziehung – zu Hause oder in den entsprechenden pädagogischen Einrichtungen – Werte wie Disziplin, Pflichtbewusstsein, Leistungsbereitschaft und Anpassungsfähigkeit vorherrschend. Kinder sollten Kompetenzen entwickeln, die das soziale Gefüge nicht durcheinanderbrachten. Priorität hatte bis in diese Zeit, dass Kinder ihren Eltern und Erwachsenen im Allgemeinen gehorchten. „Du tust, was ich dir sage!" Lernten Kinder, sich in die Familie und Gemeinschaft einzufügen, war dies eine wichtige Voraussetzung für sie, um später im Leben zurechtzukommen – so zumindest die auch noch in diesen Jahren verbreitete Ansicht. Gehorsam gehörte also viele Jahrzehnte lang zum wichtigsten Ziel in der Kindererziehung.[62] Zwang und Strafe waren dabei zum Teil schmerzvolle Begleiter.

Noch heute findet man eine ganze Palette an Elternsprüchen, die diese Hierarchien innerhalb der Familie und der sozialen Gemeinschaften – vom Sportverein über die Schule bis hin zum dörflichen Leben – widerspiegeln. Diese undemokratischen Orientierungen sind leider immer noch nicht ausgestorben. Sie existieren trotz der Veränderungen, die durch die Ausbreitung alternativer Erziehungskonzepte seit Ende der 1960er-Jahre bewirkt wurden, weiter.

Was hat sich geändert?

Heute hat sich innerhalb der Familie viel verändert. Grundsätzlich haben Frauen die Möglichkeit auf eine Ausbildung, einen Beruf und damit auch ihr eigenes Geld. Aber aufgrund der Herausforderung, als Eltern Familie und Beruf unter einen Hut zu bekommen[63], ist die Ungleichheit noch längst nicht Geschichte. Wer finanziell miteinander verstrickt oder gar voneinander abhängig ist, findet sich plötzlich wieder in Diskussionen über Karriere- und Zeitpläne, das Familieneinkommen, die Frage nach den Prioritäten und den unterschiedlichen Einstellungen sowie Gewohnheiten beim Geldausgeben oder Sparen für die Zukunft. In der Konsequenz ist es heute also nach wie vor angenehm, Dritten keine Erklärungen über den eigenen Finanzstatus abgeben zu müssen.

Das Tabu, über Geld zu sprechen, hat sich hartnäckig halten können. Wie ist das möglich? Warum haben wir Eltern es nicht mit den vielen anderen überkommenen Erziehungsregeln zu den Akten gelegt? Können wir uns noch nicht ausreichend von dem distanzieren, womit wir selbst groß geworden sind? Haben wir uns doch noch nicht hinreichend von den Gewohnheiten und Einstellungen unserer Vorfahren emanzipiert? Was hält uns davon ab, unsere Kinder offen im Umgang mit Geld zu erziehen? Ist es ganz einfach eine lieb gewordene Bequemlichkeit, bestimmte Themen außen vor lassen zu dürfen, weil das Schweigen darüber gesellschaftlich anerkannt, ja vorgegeben ist?

Geld stellt für viele von uns immer noch – wenigstens unbewusst – eine Gefahr dar. An den Polen „arm" und „reich" hat sich nichts geändert. Noch immer empfinden wir Neid, wenn andere mehr als wir haben. Noch immer schämen sich Menschen, wenn sie in finanzielle Schwierigkeiten geraten, weil sie ihren Wert und die gesellschaftliche Wertschätzung ans Geld gekoppelt haben. Und noch immer lassen sich Menschen ungern in die Karten schauen, wenn es um ihre Finanzen geht.

Eltern wollen heutzutage nur das Beste für ihr Kind, und damit befinden sie sich in der Optimierungsfalle. Die inflationäre Nutzung des Wortes „perfekt" zeigt, wie stark die Orientierung auf „alles, was gut ist" bei Eltern geworden ist, denn die Anforderungen an sie sind gestiegen.[64] Die Gesellschaft hat sich verändert: Der Wettbewerbsdruck ist gewachsen und jeder versucht, sich in eine gute Startposition zu bringen. Grundsätzlich gilt: Alles ist möglich. Es liegt an dir! Doch was ist das Beste? Wie soll ich mich entscheiden? Was ist für mich wichtig, worauf kann ich verzichten? Unsicherheit und Überforderung wachsen in diesem Umfeld. Der Druck steigt, weil es eben an einem selbst liegt, mit den Gegebenheiten zurechtzukommen und seinen Weg bestmöglich zu gehen.[65] Gleichzeitig ist in den Medien sehr viel von Kriegen, Konflikten, Schulden, Pleiten und Armut die Rede. Daher wächst auch die Angst, selbst in die Abwärtsspirale zu geraten. Arbeitslosigkeit, Trennung und Krankheit, nicht selten die zentralen Auslöser für den sozialen Abstieg, können schließlich jeden treffen.

In der Folge möchten die Eltern von heute ihre Kinder vor allem beschützen, und das ist wirklich vollkommen neu. Alltagssituationen werden zur Bedrohung: Kann ich mein Kind alleine in die Schule schicken? Wie fühlt es sich, wenn es sich dort ohne die Eltern zurechtfinden muss? Ist es traurig oder enttäuscht? Was kann passieren, wenn es draußen unbeaufsichtigt mit seinen Freunden spielt? In einigen US-amerikanischen Bundesstaaten ist dies übrigens bereits per Gesetz verboten![66]

Hinter den vielen Fragen der Eltern stehen ihre Ängste, und mit ihnen umfassende Schutzinstinkte.[67] Das Kind soll keinen Schaden nehmen. Doch von überall her droht Gefahr – und wenn nicht, dann wird eine erfunden. Selbst zum normalen Händewaschen wird uns antibakterielle Waschlotion empfohlen. Die Medien haben einen großen Anteil an dieser Entwicklung. Jede auch noch so kleine oder unbedeutende Geschichte wird aufgegriffen.[68] Die Folge: Eltern werden vorsichtiger, ängstlicher und weiten ihre Kontrolle auf immer mehr Bereiche des kindlichen Heranwachsens aus. Doch Aufsicht, Planung und Kontrolle im heute schon gängigen Übermaß bewirken, dass Kinder im Ansatz verlernen, selbst zu denken, zu fühlen und zu handeln – sie verlernen, sich selbst zu schützen.[69] Gleichzeitig müssen und sollen Eltern die freie Entfaltung ihrer Sprösslinge fördern. Diese zwei Ansprüche sind durchaus widersprüchlich.[70]

Und noch eine Überlegung: Die Kinder sollen nicht zu Schaden kommen, aber warum eigentlich nicht? Wer früher vom Baum fiel, hatte wochenlang einen coolen Gips und war im Anschluss auf dem Baum eben vorsichtiger. Oder fiel noch einmal herunter.[71]

Aus dem Leben: Heike, Manfred und Lena
Heike und Manfred wohnen in Hamburg. Die beiden sind sehr stolz auf ihre Tochter Lena, die aufs Gymnasium geht und demnächst Abitur macht. Sie halten ihr den Rücken frei, wo es nur geht, damit Lena vor allem die Schule erfolgreich beenden kann.

Lena lebt unter diesen Voraussetzungen sehr gut. Sie geht gerne einkaufen, trifft sich häufig mit Freunden und legt sehr viel Wert auf ihr Äußeres. In dieser Hinsicht ist sie ihren Eltern gar nicht so unähnlich. Sie jobbt neben der Schule, allerdings reicht das Geld meist nicht. Und so kommt es, dass Lena schon einige Schulden gemacht hat: bei ihrem Onkel, ihrer Freundin und einem Freund.

In vielen Situationen kann sich Lena aber auf ihre Eltern verlassen, zum Beispiel wenn es darum geht, ihr einen Wunsch zu finanzieren, die Strafgebühr zu begleichen, die angefallen ist, weil Lena ihre Monatskarte beim HVV nicht rechtzeitig verlängert hat und dann beim Schwarzfahren erwischt wird, oder ins Kino zu gehen, obwohl Lena kein Geld mehr hat. Mama und Papa lassen sich immer wieder überreden und bezahlen. Sie wollen Lena keinen Wunsch abschlagen, können gar nicht mit ansehen, wenn es ihr mal nicht so gut geht. Sie kümmern sich, begleichen, finanzieren. Und die fast 18-Jährige weiß ganz genau, welche Knöpfe sie bei den Eltern drücken muss, um ihre Ziele zu erreichen.

In einem Gespräch mit Heike und Manfred stellt sich heraus, dass sie selbst nicht zufrieden damit sind, wie es gerade läuft. Beide entdecken zwar einige Inkonsequenzen, allerdings weniger bei sich selbst als vielmehr beim Partner. Sie kritisieren sich gegenseitig und geraten nicht selten darüber in einen Streit. Als ich weiter nachfrage, kommt heraus, dass sie ihre Tochter beschützen wollen. Wenn Lena alleine ausgehen will, setzen sie enge Grenzen. Lenas Versuche, etwas selbst zu machen, werden unterbunden und die Konsequenzen ihres Verhaltens – wie bei der nicht verlängerten Monatskarte – tragen die Eltern. Grundsätzlich wollen beide, dass es ihrem Kind an nichts fehlt. Sie möchten Lena nicht traurig sehen und sind bedingungslos für sie da, koste es, was es wolle.

Ich verstehe das zunächst nicht und frage: „Warum habt ihr dieses starke Gefühl von Sorge und Schutz? Warum begleitet ihr eure Tochter auf Schritt und Tritt? Warum kontrolliert ihr häufig, was sie tut? Warum wird Lena von euch verwöhnt? Und warum spielt Konsum eine so große Rolle?"

Die beiden finden nur langsam zu den Ursachen ihrer Gefühle und ihres Handelns. Aber dann bricht es aus Manfred heraus: Lena hatte als kleines Kind einen schweren Unfall und lag lange im Krankenhaus. Ihr Zustand war kritisch und die Eltern kamen fast um vor Sorge. Später musste Lena gepflegt werden, konnte noch nicht gleich wieder zur Schule gehen. Heike und Manfred fingen also an, sie zu beschenken, um sie aufzuheitern. Sie wollten das Geschehene ungeschehen machen. Der Konsum sollte das Leiden wegzaubern, sagt Manfred. Sie freuten sich, wenn ihre Tochter sich freute. Und Lena gewöhnte sich langsam an ihre Sonderrolle.

Warum es kein „zu früh" gibt
Waren unsere Eltern eigentlich ängstlich? Waren sie besorgt, uns könnte etwas zustoßen? Sicherlich, doch damals war es nicht üblich, in der Form hinter seinen Kindern herzulaufen, wie es Eltern heute tun. Wie hätten wir uns wohl gefühlt? Und welche Wirkung hat dieses immer weiter um sich greifende Verhalten auf die Kinder von heute? Bauen Eltern Mauern, errichten sie Hürden, geben sie ihren Kindern Rätsel über die Welt auf? Nehmen Eltern ihren Kindern etwas, was sie eigentlich dringend brauchen, nämlich Platz, Zeit und Zutrauen, um eigene Erfahrungen zu machen, zu lernen, die Welt zu entdecken? Haben Eltern verlernt, loszulassen? Können sie nicht mehr unterscheiden, was ihre Ängste und Gefühle sind und welche nichts mit ihren Kindern zu tun haben? Denn warum sollten Kinder Angst vor der Welt haben? Sie wollen nur lernen, wissen, entdecken. Sie heben den Kopf, horchen auf, schmecken, fühlen und beobachten. In ihnen steckt Freude, Neugierde, Interesse, Ausdauer und jede Menge Kreativität. Sie brauchen ihre eigenen Erfahrungen. Nur so entwickeln sie Zutrauen in ihre Fähigkeiten und ein gesundes Selbstbewusstsein.

Das gilt auch für das Thema Geld und Konsum. Individuelle und allgemeine Geld-Botschaften, Sprüche und Handlungsempfehlungen halten sich bis heute hartnäckig, sind aber übergriffig – und heute wie gestern ohne jede konstruktive Wirkung. Die um sich greifende Konsumorientierung stört uns, für unsere Kinder wünschen wir uns eine stärkere Abgrenzung von materiellen Einflüssen. Insofern erklären Eltern mir häufig: „Die Beschäftigung mit Geld kommt noch früh genug, das ist für mein Kind jetzt noch zu früh!" Zu früh? Gibt es beim Geld ein „zu früh"? Wer legt das fest?

Lange Zeit hieß es, den Umgang mit Geld zu erlernen sei an die Fähigkeit geknüpft, rechnen zu können und den Zahlenraum bis 100 zu überblicken. In der Konsequenz bedeutet dies, dass sich Kinder in den Jahren vor der Schule nicht mit Geld beschäftigen dürfen. Das ist natürlich Quatsch, denn sie tun es trotzdem: Kaufmannsladen, Kinderpost, erster Flohmarkt – und das ständige Beobachten der Eltern, wenn diese mit Geld umgehen. Nur bleibt dieses Themenfeld seltsam uneingeordnet. Aufgaben und Herausforderungen im Umgang mit Geld haben sich heute aber um viele Bereiche erweitert. Und somit sind neue Kompetenzen gefragt, etwa rund ums Einkaufen. Rechnen ist nur eine von vielen. Aber auch klassische Fähigkeiten lassen sich prima im Umgang mit Geld erlernen, etwa Geduld zu haben oder zu planen. Und das nicht erst, wenn ein Kind den Zahlenraum bis 100 beherrscht.

Wartet die Werbeindustrie denn mit der Ansprache unserer Kinder als Konsumenten, bis sie zur Schule gehen und rechnen können? Nein! Kinder fast jeden Alters und deren Eltern sind mittlerweile definierte Zielgruppen. Schon Zweijährige werden gezielt angesprochen. Geht ein Kind in den Kindergarten, buhlt der Markt längst ganz konkret um Prioritäten, Gewohnheiten und Markenbindungen.

Wieso glauben wir also, dass die Fähigkeit zu rechnen die zentrale und wirksamste Antwort auf diese massive Beeinflussung durch Industrie und Handel ist? Ich beobachte es täglich: Für Geld und Konsum gibt es kein „zu früh". Die Frage, die sich mir bei meiner Arbeit stellt, ist lediglich, wie wir es schaffen, altersgerechte und effektive Herangehensweisen zu finden. Eine Voraussetzung dafür ist, dass Eltern eine größere Bereitschaft zeigen, Schutz für ihr Kind neu zu definieren und somit Veränderungen zu ermöglichen.

Neben dem Elternhaus werden wir vor allem auch durch die Gesellschaft geprägt, in der wir aufwachsen. Als unsere Eltern Kinder waren, haben unsere Großeltern sich hinter der Einstellung „Über Geld wird nicht gesprochen" verstecken können. „Geld geht Kinder nichts an! Das verstehst du noch nicht!" Das waren vor den Latz geknallte Feststellungen, kein pädagogisch durchdachtes Vorgehen. Heute wird in Familien nach wie vor selten offen über Geld gesprochen, doch die Begründungen haben sich gewandelt: Eltern behaupten, dass die frühe Beschäftigung mit Geld und das offene Gespräch, auch über sehr private Einstellungen, Gefühle und Haltungen, für Kinder nicht gut seien. Sie haben – meist aus dem Bauch heraus – beschlossen, dass dieses Vorgehen zum Wohle der Kinder ist. Gibt es eigentlich Literatur oder eine Richtung der Pädagogik, die diese weitverbreitete Haltung stützen? Wer hat damit jemals nachprüfbar gute Erfahrungen gesammelt? Warum ist gerade das Thema Geld suspekt, wo Kinder es doch meist so spannend finden wie Lego-Steine oder einen Besuch im Zoo? Wie kommt es, dass viele Eltern in unserer Gesellschaft zu demselben Ergebnis kommen?

Verstecken wir uns vielleicht hinter dem Tabu unserer Ahnen, weil es angenehmer und weniger anstrengend ist?

Denn natürlich bedeutet ein aktiver Umgang mit unseren Kindern, dass wir mehr darüber sprechen und eine Vorbildrolle einnehmen müssen. Das Tabu schützt uns vielleicht vor der Frage unserer Kinder nach unserem Gehalt. Haben wir möglicherweise den Eindruck, zu wenig zu verdienen? Stehen wir in Gelddingen mit beiden Beinen auf dem Boden, haben wir Einnahmen und Ausgaben im Griff und wissen wir, was wir wollen? Oder belasten uns die Fragen unserer Kinder etwa, weil sie das aussprechen, was wir versuchen zu vergessen, zu verschweigen oder zu verdrängen?

Die „Verschlusssache Geld" ist familiär tradiert. Das aufzubrechen ist eine harte Nuss, birgt aber auch eine gute Nachricht: Schaffen wir es, hat das positive Auswirkungen auf nachfolgende Generationen. Wenn wir das Schweigen unterbrechen, wenn unsere Kinder mit Offenheit beim Thema Geld aufwachsen, erhalten sie das Rüstzeug, um ihr Leben anders zu gestalten und auch ihren eigenen Kindern andere Werte zu vermitteln. Außerdem lassen sich vom Geldthema viele Alltagskompetenzen ableiten, die uns in unserer Tradition geprägt haben und weiter prägen.

Drüber reden – Informationen zum Thema Geld
In meinen Gesprächen mit Eltern begründen diese ihr Verhalten häufig mit der Informationsfülle in Geld- und Konsumdingen, vor der sie ihre Kinder beschützen wollen. Sie hoffen, ihre Kinder so lange wie möglich vom Thema Geld fernhalten zu können. Im Grunde genommen wollen sie also die Informationen, die die Kinder erreichen, steuern. Doch wie erfolgreich kann diese Strategie sein – und ist es überhaupt eine Strategie? Was erreichen Eltern, wenn sie auf diese Weise handeln?

Grundsätzlich ist der Versuch, Informationen zu steuern, eine wichtige Aufgabe der Eltern. Denn natürlich ist nicht jede Information für jedes Alter angemessen. Doch leider missbrauchen wir diese Aufgabe häufig. Missbrauchen? Ja, und zwar, indem wir immer „nur das Beste" für unsere Kinder wollen. Nur „gute" Informationen sollen sie erreichen, alles Negative, Schreckliche, Traurig- oder Angstmachende, Sorgenvolle wird vermieden, zurückgehalten, verheimlicht. Die Welt als rosarotes Bällchenbad, alles andere „kommt noch früh genug".

Doch Kinder brauchen auch negative Erfahrungen, um den Alltag zu meistern. Jeder Mensch wird in seinem Leben zigtausendfach mit Enttäuschungen konfrontiert. Den Umgang damit müssen wir nach und nach erproben, damit wir nicht als 40-Jährige noch so reagieren wie ein Kleinkind. Diesen Prozess und die damit verbundenen Lernerfolge enthalten Eltern ihren Kindern viel zu oft vor. Mit unguten Gefühlen umgehen zu können, ist aber ein ganz wichtiger Bestandteil des Großwerdens. Zudem ist doch die Frage spannend, ob beziehungsweise wieso Eltern den Umgang mit Geld überhaupt als negativ einstufen.

Der Versuch, Informationen zum Thema Geld zu steuern, hat außerdem einen Haken: Fast alle meine Gespräche und Workshops zeigen, dass dieses Beeinflussen nicht klappt. Immer wieder schnappen Kinder zufällig etwas auf und „basteln" sich aus diesen Puzzleteilen ihre Ansichten. Am Anfang finden wir es vielleicht niedlich, wenn sie den Geldautomaten als unendliche Quelle von Bargeld ansehen. Doch viele junge Erwachsene haben diese Einstellung prinzipiell beibehalten – und das ist dann nicht mehr niedlich.

Wenn Zufalls-Informationen durch uns Eltern nicht eingeordnet werden, wenn wir mit unseren Kindern nicht offen über Geld sprechen, dann entsteht bei ihnen ein verzerrtes, unvollständiges Bild. Und es werden diffuse Ängste ausgelöst, etwa durch den Satz „Wir haben kein Geld". Einordnen statt verschweigen – das ist unsere eigentliche Aufgabe als Eltern.

Und damit sind wir bei Möglichkeit zwei: offene, altersgemäße Gespräche, aktives Einordnen von Informationen. Das ist eine ganz wichtige Chance, um das Leben der Kinder mitzugestalten, zu prägen. Es darf nicht dem Zufall überlassen werden. Erreichen unsere Kinder Informationen, die wir eigentlich von ihnen fernhalten wollten, haben wir die Möglichkeit, ja die Pflicht, diese Informationen und die Gedanken dazu mit ihnen im Gespräch einzuordnen. Kinder können so anfangen, ihre eigenen Erfahrungen zu sammeln.

Die Einstellungen, Erfahrungen und Botschaften im Umgang mit Geld, die wir aus unserem Elternhaus mitgenommen haben, tragen wir in uns. Unsere Kindheit, die Art und Weise, wie unsere Eltern (gemeinsam mit uns) mit Geld umgegangen sind, wie in der Familie über Geld gesprochen wurde, was Eltern und nahe Verwandte vorgelebt haben, all das macht einen entscheidenden Teil unseres ganz persönlichen Geld-Charakters aus. Doch was ist dieser Geld-Charakter eigentlich? Wann zeigt und offenbart er sich uns? Kommen wir bei der Arbeit, beim Geldverdienen, beim Einkaufen oder beim Thema Taschengeld damit in Berührung? Bei jeder finanziellen Entscheidung, die wir alleine, mit unserem Partner oder innerhalb der Familie treffen, wird deutlich, wer wir sind.[72] Doch wer von uns achtet im Alltag schon darauf, dass es unbewusste Strömungen gibt, die uns ständig beeinflussen?

Wann hat jemand ein gutes Verhältnis zum Geld? Und wann hat er Probleme? Wenn Menschen über die Stränge schlagen und Schulden anhäufen, dann ist für jeden offensichtlich, dass etwas schiefgelaufen sein muss. Aber was ist mit Menschen, die geizig sind oder denen es sehr schwerfällt, sich von ihrem Geld zu trennen, obwohl sie ausreichend besitzen? Auch spreche ich häufig mit Menschen, die nicht müde werden zu betonen, dass Geld für sie keine Bedeutung hat, unwichtig ist. Würde man das auch über andere Dinge sagen, die einen täglich beschäftigen? Übers Zähneputzen etwa?

„In der Regel äußert sich ein unstimmiges Verhältnis zu Geld in extremen Verhaltensweisen: Entweder man lässt sich total davon leiten oder verachtet es förmlich", so Petra Bock, Autorin des Buchs *Nimm das Geld und freu dich dran*.[73] Doch nur wenige Menschen zeigen, dass sie in Gelddingen mit sich und ihren Prägungen in Einklang sind. Und es sind meist diejenigen, die sich mit ihren alten Gefühlen, Ängsten, Einstellungen und Erfahrungen auseinandergesetzt haben, um herauszufinden, was sie verändern möchten oder was gut für sie ist.

Geld unterscheidet sich nicht von anderen Themen, wenn es um einen „guten Umgang" damit geht. Auch hier hilft nur Wissen – nicht Unwissen. Erwachsenen macht man es zum Vorwurf, wenn sie in Gelddingen „nichts wissen" und falsch handeln. Aber sie haben es in der Regel nicht gelernt. Kindern verhilft man andererseits bei allen möglichen Themen zu Wissen – nur eben nicht beim Geld. Das sollte sich ändern.

Das Rätsel und seine Folgen

Wenn wir mit unseren Kindern nicht über Geld sprechen, wenn wir dem jahrzehntealten Tabu auch innerhalb unserer Familie den entsprechenden Raum geben, wenn wir aus Geld ein Rätsel machen, bleibt das nicht ohne Folgen für unsere Kinder.

Kreislauf der Generationen:
Geld bekommt eine negative Aura
Ein Vater fragt mich vor Beginn einer Projektwoche zum Thema Geld und Konsum in einer Berliner Grundschule: „Sagen Sie den Kindern denn endlich auch, dass Geld nicht alles im Leben ist? Und erzählen Sie ihnen, was Geld in unserer Gesellschaft an Unheil anrichtet? Die Armen werden doch immer ärmer und die Reichen immer reicher!"

Bemerkungen dieser Art sind nicht selten. Sie zeigen mir, was Eltern gerne an Geldbotschaften loswerden wollen und was bei ihren Kindern im besten Fall ankommen soll. Es erzeugt nicht selten Unbehagen, dass Dritte ihre – vielleicht abweichenden – Vorstellungen und Werte an die eigenen Kinder herantragen dürfen. Denn darüber, was als „gut", „vernünftig" oder „richtig" angesehen wird, gibt es nun mal unterschiedliche Ansichten. Geldsprüche sind häufig sehr moralisch. Und aus der Vielzahl an vorhandenen „Weisheiten" kann sich eben jeder etwas Passendes heraussuchen, um seine spezifische Sicht auf die Dinge oder sein eigenes Verhalten zu unterstreichen oder vielleicht sogar ein bisschen zu rechtfertigen.[74] Wenn Eltern erfahren, dass sich ihr Kind außerhalb ihres Einflussbereichs mit dem Thema Geld beschäftigen wird, kochen die Emotionen hoch. Spürbar sind in solchen Momenten unter anderem Frust, Wut und Ärger, die über lange Zeit ans Geld geknüpft wurden.

Wenn Kinder Sprüche wie die bereits genannten hören, ohne grundlegendes Geldwissen zu haben, muss Geld auf sie fürchterlich negativ wirken. Außerdem verstehen Kinder diese Bemerkungen oft nicht. Ich beobachte immer wieder, dass Erwachsene dazu neigen, Situationen zu werten. Auch ein gut gemeintes Lob kann einem Kind die eigene Einordnung rauben. Können Eltern ihren Kindern bestimmte Inhalte gar nicht mehr wertfrei vermitteln? Und ist das vielleicht ein weiterer Grund, warum Geldthemen von Kindern ferngehalten werden? Ein Kind auf einen Baum klettern zu lassen, kommt in der Lebenswirklichkeit mancher Eltern eben nicht mehr vor, weil sie vorher schon zu dem Schluss gekommen sind, dass das zu gefährlich ist. Aus dieser Perspektive betrachtet ist es nachvollziehbar, dass ein Minenfeld wie das Thema Geld reflexartig zum Errichten von Schutzwällen führt. Der oben erwähnte Vater kam gar nicht auf die Idee, dass man mit Kindern auch einfach mal über die Basics wie Miete und Geld für Pommes sprechen kann – ganz ohne Weltpolitik.

Geld betrifft eben jeden von uns – unmittelbar. Jeder bringt seine eigene Geldgeschichte mit. Und viele Geschichten sind mit negativen Erlebnissen, Gefühlen und Haltungen verknüpft. Ich stelle in meinem beruflichen Alltag oft überrascht fest, dass negative Einstellungen zum Thema Geld in allen gesellschaftlichen Schichten vorhanden sind.

Den Umgang mit Geld, den wir in unserem Elternhaus gelernt haben, haben wir irgendwann unbewusst abgespeichert. Das ist eine Möglichkeit des Lernens, die viele Wiederholungen erfordert. Auf diese Weise gelingt es uns, viele Aufgaben und Herausforderungen des Alltags zu meistern, zum Beispiel komplexe Tätigkeiten wie den Spracherwerb, das Erlernen des Autofahrens oder auch spezifischer Kenntnisse in unserem Beruf.

Doch es sind nicht nur unsere Verhaltensweisen, die sich auf eine gewisse Weise als Gewohnheit und Muster in uns festgesetzt haben. Auch unsere Gedanken, Gefühle, Einstellungen und Werte, Strategien und Reaktionsmuster haben wir übernommen. Manche von ihnen sind positiv, andere negativ. Sehr viele sind sogar widersprüchlich, weil unsere Eltern das eine gesagt, aber anders gehandelt haben. Doch gerade die negativen und widersprüchlichen Erfahrungen können unsere Entwicklung und unser Wohlbefinden – nun, da wir selbst erwachsen sind – beeinträchtigen. Denn nicht selten passt das einmal Erlernte irgendwann nicht mehr zu unserer Lebensrealität. Dann kann es vorkommen, dass wir es als „Gewohnheitskorsett" empfinden, das uns an ganz vielen Stellen einengt. Das ist zum Beispiel der Fall, wenn wir uns neue Ziele setzen, sie aber aufgrund unserer starken Prägungen nicht oder nur sehr schwer erreichen.

Gewohnheiten geben uns immer ein Stück Sicherheit. Doch bergen sie auch Ängste, die uns daran hindern, das Gewohnte und Gelernte hinter uns zu lassen und etwas Unbekanntes zu wagen. Verstecken wir uns manchmal hinter diesen Ängsten, um keine Risiken einzugehen? Bleiben wir auf der Stelle stehen und machen etwas, weil es immer schon so war? Es gehört eine Menge Mut und Willenskraft dazu, neue Wege zu gehen. Doch Veränderungen können ungeahnte Freiräume schaffen, die wir in manchen Lebenssituationen benötigen.

Wenn Geld mit Konflikten, Streit, Macht, Manipulation, Mangel oder Armut, Abhängigkeit, Ohnmacht, Enttäuschung, Angst oder Verpflichtungen in Verbindung gebracht wird, dann ist es sehr wahrscheinlich, dass wir es als negativ erleben. Auch die Werbung nutzt sehr häufig Assoziationen; sie versucht, Dinge miteinander zu verknüpfen, die eigentlich nicht zusammen gehören. Da sollen wir uns männlicher oder weiblicher fühlen, wenn wir ein bestimmtes Deo verwenden, sind anderen überlegen, wenn wir dieses oder jenes Onlineportal nutzen, oder schlicht glücklich beziehungsweise erfolgreich durch die Verwendung eines Lebensmittels, einer Klamottenmarke oder eines Autos. Mit einer nachvollziehbaren und auf rationalen Produkteigenschaften basierenden Entscheidung hat das nichts zu tun.

Lange Zeit ging man in der wirtschaftswissenschaftlichen Forschung davon aus, dass sich Menschen im Zusammenhang mit ökonomischen Entscheidungen rational verhalten. Heute wissen wir, dass sie aufgrund der vielen Vorprägungen eher dazu neigen, irrationale und unbewusste Entscheidungen zu treffen.[75] So verwundert es nicht, dass die meisten von uns sich selten fragen, ob das, was wir über Geld im Elternhaus gelernt haben, überhaupt noch zu uns passt. Wir waren damals Kinder und hatten keine Chance, der Art und Weise zu entkommen, wie bei uns zu Hause mit Geld umgegangen wurde. Aber ist das heute noch das Richtige für uns? Und wollen wir das, was wir gelernt haben, eins zu eins an unsere Kinder weitergeben?

Sehr leicht „wandern" unbewusste Konditionierungen von einer Generation zur nächsten. Wenn wir wenig hinter unsere eigenen Kulissen schauen, bleiben wir bei dem Erlernten, sei es auch noch so widersprüchlich, negativ oder einschränkend. Und so kommt es, dass auch unsere Kinder häufig das erlernen, was wir schon von unseren Eltern rund ums Geld und den alltäglichen Umgang damit gelernt haben. Damit behält Geld für viele von uns eine tradierte negative Aura.

Ein großes Minus an Motivation
Meine Eltern haben früher oft gesagt: „Das können wir uns nicht leisten!" Dieser Satz hatte vor allem die Funktion, unsere Kinderwünsche im Keim zu ersticken. Denn war er erst einmal ausgesprochen, waren Quengeln, Bitten und Betteln zwecklos. Gegen dieses Argument gab es einfach kein Rezept. Wenn kein Geld da war, war es eben nicht da.

In besonderer Erinnerung habe ich meinen 13. Geburtstag. Zu diesem Zeitpunkt wünsche ich mir ein Pferd. Traurig und beschämt ziehe ich mich zurück, als mir bereits im Vorfeld unmissverständlich klargemacht wird, dass für ein Pferd kein Geld da ist. „Das kommt gar nicht infrage![76] Wo denkst du hin?! Das Geld liegt doch nicht auf der Straße." Ist mein Wunsch anmaßend? Hätte ich wissen müssen, dass ein Pferd nun mal nicht aus der Portokasse zu bezahlen ist und uns zu Hause dafür das Geld fehlt? Allerdings habe ich gute Voraussetzungen, denn wir wohnen ja auf einem Bauernhof. Zunächst bin ich noch mutig, will diskutieren. Doch dann gibt es weitere Argumente: kein Platz im Stall, kein artgerechter Auslauf, kein betriebswirtschaftlicher Nutzen. Meine Eltern waren selbst noch mit Last- und Zugpferden aufgewachsen, die einen Zweck erfüllten. Deshalb ist Nutzen ein wichtiger Maßstab für die Tierhaltung auf unserem Hof: Hühner legen Eier, Kühe geben Milch, Schweine liefern Fleisch. Schwierig wird es schon bei Hunden und Katzen. Ein Pferd zum Reiten hätte für mich einen emotionalen Nutzen. Was könnte ich selbst dafür tun? Ich resigniere, denn diese Frage stelle ich mir nicht mehr.

Vor ein paar Jahren las ich dann das Buch *Rich dad, poor dad* von Robert T. Kiyosaki, der gleichermaßen davon erzählt, welche Wirkung Sätze wie der meiner Eltern haben können: Sie erzeugen erst bei Kindern, dann bei Erwachsenen Gefühle von Hilflosigkeit, Niedergeschlagenheit und Motivationslosigkeit. Da kann man nichts machen. Hat eh keinen Sinn, wozu das Ganze?

Auch heute erleben Kinder, dass Eltern auf diese Weise auf ihre Wünsche reagieren. Warum eigentlich? Wissen sie es nicht besser, haben sie es nicht anders gelernt, fühlen sie sich im Recht, da Kinder schließlich auch lernen müssen, dass Geld nicht auf Bäumen wächst, sondern hart erarbeitet werden muss? Das ist natürlich richtig, doch warum die Beschämung? Ist es „anmaßend", wenn Kinder auch große Wünsche äußern? Oder ist es nicht ein gutes Zeichen, dass sie sich trauen, uns ihre Bedürfnisse in dieser Form kundzutun?

Die elterliche Reaktion hat eine lange Tradition, nicht nur in Deutschland. Wie wäre es aber, wenn wir zunächst versuchen, den Kinderwunsch zu verstehen: Ging es bei der kleinen Kirstin nur ums Pferd oder wollte sie reiten lernen? Vielleicht hätte sie gerne Verantwortung für ein eigenes Tier übernommen? Schritt zwei wäre zu überlegen, was das Kind selbst dafür tun kann, sich seinen Wunsch zu erfüllen – und sei er zunächst auch noch so groß und scheinbar unerreichbar. Bereits die Beschäftigung damit regt unsere Kreativität an und stärkt unsere Handlungskompetenz. Nichts ist unmöglich. Manchmal müssen wir lange warten, sparen oder arbeiten. Manchmal verliert sich auch ein Wunsch, weil andere Dinge wichtiger werden. Doch das sind wesentliche Erfahrungen! Wenn der Wunsch bleibt, dann könnte es wie bei Michel aus Lönneberga von Astrid Lindgren sein: Der Junge bringt es aus eigener Kraft, Kreativität und Ausdauer ganz allein zu einem Huhn, einer Kuh, einem Schwein – und dem Pferd Lukas.

Motivation, Lust und Interesse, Kreativität, Spaß und Sinn sind wichtige Bausteine beim Umgang mit Geld. Was ist, wenn sie fehlen, wenn wir einen ganzen Sack an Zweifeln, Ängsten, negativen Gefühlen, Erfahrungen und Einstellungen mit uns herumtragen? Oder wenn wir meinen, dem Ganzen gleichgültig gegenüberzustehen? Erklären, dass es schließlich andere Dinge gibt, die im Leben wichtig sind? Wenn wir nicht handeln, sondern passiv bleiben, uns abwenden und wegschauen? Egal? Nicht ganz! Als Eltern tragen wir jetzt die Verantwortung – nicht nur für uns, sondern auch für unsere Kinder und unsere Familie. Es geht nicht ums Extreme, es geht um ein „gutes Maß". Aber Schweigen, Wegschauen, Verdrängen, Machen-Lassen hat Konsequenzen für unsere Kinder: Dann gehen sie mit einer spürbaren Hypothek ins Leben – sie haben eine Reihe von Erfahrungen nicht machen dürfen.

Ein großes Minus an Praxis

„Was Geld im persönlichen Leben bedeutet, kann zunächst nur aus konkreten Anlässen begriffen werden. Deshalb sind reiche persönliche Erfahrungen darüber erforderlich, wie Geld durch Arbeit erworben wird und was man mit Geld alles kaufen kann." Diese zentrale Erkenntnis stammt aus Helmut Breuers Buch *Vom Umgang mit Geld*, das Mitte der 1980er-Jahre in der DDR erschienen ist.[77]

Mittlerweile fehlt es an vielen Stellen unseres Lebens an konkreten Handlungen, ganz besonders im Leben unserer Kinder. Auch wenn ich damals nicht sehen konnte, woher das Geld meiner Eltern kam, habe ich doch miterlebt, was Arbeit bedeutet – nicht zuletzt durch meine eigene Mithilfe auf unserem Hof. Ich wusste, wie lange ein Arbeitstag dauert, habe nicht selten die Stunden und Minuten gezählt, bis wir zum Mittagessen vom Feld heimfuhren. Ich habe gesehen, dass es viel Fleiß und Ausdauer braucht, um eine ganze Ernte trocken und heil über Wochen einzufahren. Und ich habe folgende Botschaften gehört: Von nichts kommt nichts. Wir leben von unserer Hände Arbeit. Wir müssen ganze Arbeit leisten, um die Früchte unserer Arbeit zu ernten. Als Teenager fing ich schließlich an, mein eigenes Geld zu verdienen: Ich pflanzte Bäume, jätete Unkraut oder passte auf Kinder auf. Fortan wusste ich, wie viel Aufwand in einem zweiwöchigen Urlaub steckt – wie mein Bruder, der (potenzielle) Ausgaben bis heute mitunter in Kuhputzungen misst.

Doch inzwischen haben Leben und Arbeiten sich immer stärker voneinander entfernt. Frage ich Kindergarten- und Grundschulkinder nach dem Beruf ihrer Eltern, haben nicht alle darauf eine Antwort. Wie sollen die Kinder auch verstehen, dass ihre Eltern Geld verdienen, indem sie vor dem Computer sitzen, mit dem Auto durch Deutschland fahren oder täglich mit anderen Menschen sprechen? Nicht immer gibt es ein Produkt, das die Eltern am Ende eines Tages in den Händen halten, obwohl viele sich genau das wünschen: ein messbares und vorzeigbares Ergebnis, auf das wir stolz sein können!

Die Beziehung von Arbeit, Zeit und Geld ist für unsere Kinder, die weder sehen, wie wir arbeiten, noch, dass wir

Geld nach Hause tragen, nicht mehr nachvollziehbar. Reicht es, dass wir ihnen davon erzählen? Oder wie lässt sich dieser Zusammenhang „erfahren"? Wie können Kinder selbst in jungen Jahren ein Verständnis für das Verhältnis von Mühe und Ertrag entwickeln oder dafür, dass Leistung oder Geduld in einer elementaren Beziehung zu einem materiellen Gegenwert stehen? Ist es wirklich ein Fortschritt, dass wir diese Beziehung aufgehoben haben, indem wir unseren Kindern immer seltener Aufgaben beziehungsweise Arbeiten übertragen, durch die sie schrittweise und altersgerecht lernen, Verantwortung zu übernehmen, Erfahrungen zu sammeln und Routinen zu entwickeln? Es geht mir nicht um Abwaschen gegen Bezahlung, sondern um Rechte und Pflichten, die jeder nach seinen Möglichkeiten in einem gemeinsamen Haushalt hat. Wer zum Beispiel alt genug ist, um Taschengeld zu bekommen, der kann sich auch an der Hausarbeit beteiligen.

Was ich dabei auch wichtig finde: Kindern fehlen heute nicht nur wichtige Erfahrungen, um auf eigenen Füßen zu stehen, sie haben durch die elterliche Kontrolle und den Schutz sogar schon frühzeitig Verhaltensweisen, Abhängigkeiten und starke Gewohnheiten im Umgang mit Geld und Konsum etabliert. Beginnen sie nun ihr eigenes Leben, ist es kein Start bei null mehr. Sie müssen häufig große Anstrengungen unternehmen, um ihre Eigenheiten abzulegen, und sich dazu fragen: Wie esse ich, wie kaufe ich ein? Wie führe ich einen Haushalt? Erledige ich Alltägliches alleine oder lasse ich es mir abnehmen? Packe ich meinen Koffer, wenn ich in den Urlaub fahren will, oder lasse ich packen? Spare ich Geld oder gebe ich es aus? Kann ich auf etwas warten oder habe ich wenig Geduld? Bin ich für mein Handeln verantwortlich oder nehme ich andere für meine Missgeschicke in die Pflicht? Bezahle ich selbst oder lasse ich mir von anderen Geld für meine Wünsche geben?

Arbeit und Lohn fehlen unseren Kindern heute immer öfter als Maßstäbe für den Wert, den Geld für uns hat. Lässt sich dieser Wert des Geldes eigentlich ohne einen Gegenwert erlernen? Können Vorträge der Eltern über ihre Job-Erfahrungen als Kinder, Jugendliche oder Erwachsene helfen, den Bezug herzustellen? Letztendlich bekommen Kinder lange Zeit viele Dinge von uns – ohne Gegenleistung. Gerade beim Taschengeld ist das ausdrücklich gut so, es wird für einen bestimmten Zeitraum bedingungslos übergeben. Ist es aber richtig, dass wir Arbeit, Anstrengung, Leistung und Stolz ganz verdrängt haben, um unseren Kindern eine „sorgenlose" Kindheit fern von diesen Dingen zu bieten? Wird die teure Markenjeans durchgewunken oder das zu früh aufgebrauchte Taschengeld aufgestockt? Oder andersherum gefragt: Bedeutet ein Schülerjob für einen 15-Jährigen heute zwingend, dass seine Eltern nicht genug Geld haben?

Aus dem Leben: Oliver, Kim und Simone
Oliver mag seinen Lebensstandard. Er weiß, dass er sich keine Sorgen ums Geld machen muss, mit der Familie in den Urlaub fahren kann, ohne auf jeden Euro achten zu müssen. Und seine Töchter werden nicht in die Situation kommen, dass man sie aufgrund fehlender Markenklamotten in der Klasse ausgrenzt. Wie aber kann er ihnen den Wert des Geldes vermitteln?

Er spricht mit ihnen darüber, dass er hart für jeden Euro arbeiten muss. Schon als Jugendlicher hat er sein eigenes Geld verdient. Der Job in einer Wäscherei ist ihm in besonderer Erinnerung geblieben. Die Arbeit ist anstrengend, die Arme schmerzen vom Lakenausschütteln und er bekommt 5,50 DM in der Stunde. In der Folge überlegt er sich bei jeder Mark zweimal, ob er nach der Anstrengung bereit ist, sie wieder auszugeben.

In einem seiner letzten Gespräche mit seiner sechsjährigen Tochter über Geld und Arbeiten sagt das Mädchen: „Papa, ganz ehrlich, dann sparen wir uns was und legen was weg, aber ich möchte, dass du mehr zu Hause bist. Also geh weniger arbeiten, ich brauche nicht so viel zu essen!"

*

Kim ist Mitte 20. Sie hat es nicht leicht. Zwar hat sie einen Schulabschluss, doch nicht sofort einen Ausbildungsplatz gefunden. Daher arbeitet sie als Aushilfe, im Moment halbtags in einer Fleischerei. Irgendetwas in ihr sträubt sich, dort voll zu arbeiten. In der restlichen Zeit kümmert sich Kim nämlich gerne um sich, um ihre Freunde, ihren Hund und vor allem um ihr Aussehen. Schönheit ist alles für sie, deshalb gibt sie viel Geld dafür aus – Geld, das sie aber leider gar nicht hat. Immerhin muss sie keine Miete zahlen, denn sie wohnt in einer Einliegerwohnung im Haus der Mutter.

Ihre Mutter wiederum arbeitet sehr viel. Genau genommen hat sie zwei Jobs. Neben ihrem Beruf hilft sie mehrmals in der Woche in einer Gaststätte aus. Sie hält ihrer Tochter den Rücken frei, übernimmt alle Fixkosten, etwa die für Wohnung, Strom und Auto. Allerdings merkt sie langsam, dass sie nicht weiterkommt: Kim wird nie auf eigenen Beinen stehen, wenn sie ihr weiterhin alles bezahlt und für sie sorgt. Denn Kim hat sich daran gewöhnt, sie möchte im Moment gar nichts verändern.

Mit der Verantwortung für das eigene Leben tut sich nicht nur Kim schwer. Ihre Mutter will eine gute Mutter sein. Sie unterstützt ihre einzige Tochter, erfüllt ihr fast jeden Wunsch, nimmt ihr bis heute alles ab. Kim muss nur wenige Dinge allein schaffen, hat noch nie Aufgaben übertragen bekommen. Die Konsequenzen ihres Handelns trägt sie nie. Wenn der Monat länger dauert, als das Geld reicht – und bei Kim ist das jeden Monat so –, hilft die Mutter aus. Wenn etwas unmöglich ist, macht sie es möglich oder versüßt der Tochter den bitteren Verzicht.

*

Simone arbeitet als Freiberuflerin in der Kommunikationsbranche. Das Leben mit ihrer zwölfjährigen Tochter Lara bekommt sie ganz gut hin. Die beiden leben alleine, Lara sieht ihren Vater regelmäßig und ist manchmal für längere Zeit bei ihm. Auch von den Großeltern erfährt Simone immer wieder wichtige Unterstützung.

Doch nun macht sie sich Gedanken: Lara wird älter, ist schon fast in der Pubertät. Alles, was vorher leicht war, ist jetzt etwas schwieriger geworden, weil das Mädchen an einigen Stellen beginnt, sich abzunabeln. Simone registriert das und findet es gut. Aber sie merkt, dass die Zeit des Zusammenlebens irgendwann zu Ende gehen und Lara auf eigenen Beinen stehen wird. Wie sieht es mit ihren Kompetenzen aus?

In den letzten Jahren hat Simone sich immer eine Putzfrau geleistet, einen ganz persönlichen Luxus, um möglichst viel Zeit mit Lara verbringen zu können. Doch nun stellt Simone fest, dass Lara sich für ihren Geschmack wenig für die Dinge des Haushalts und das Saubermachen interessiert. Das musste sie bisher auch nicht. Simone will gegensteuern: Die Putzfrau kommt jetzt nur noch alle zwei Wochen und in der Zwischenzeit kümmern sich die beiden gemeinsam um den Haushalt.

Ein großes Minus an Geld
Wozu kann es führen, wenn Kindern kein guter Umgang mit Geld im Elternhaus vermittelt wird? Wenn vielleicht sogar schwierige soziale und wirtschaftliche Gegebenheiten zu Hause das Verhältnis der Kinder zum Geld prägen? Wenn über Geld nicht oder nicht offen gesprochen wird? Wenn Kinder wenig Einblick in den familiären Alltag mit all seinen Routinen erhalten? Wenn ihnen auf diese Weise praktische Erfahrungen fehlen? Wenn sie irgendwann ihr eigenes Leben beginnen, ohne je geübt zu haben, wie man mit Geld umgeht? Entwickeln sie dann negative Einstellungen zum Geld und ihren eigenen Handlungsoptionen sowie ungünstige Verhaltensweisen?

Es wäre zu kurz gegriffen, einen automatischen Zusammenhang zwischen mangelnden Erfahrungen im Elternhaus und einer zukünftigen Ver- oder gar Überschuldung zu unterstellen. Dennoch wird die Gefahr von Schulden minimiert, wenn Kinder schon früh Abläufe und Einstellungen zum Thema Geld verinnerlicht haben. Wenn sie nicht erst als junge Erwachsene die Erfahrungen machen, die sie bereits als Kinder oder Jugendliche im Elternhaus hätten machen können, sei es durch Beobachtung oder durch eigene Erfahrungen.

Überschuldung ist zu einem gesamtgesellschaftlichen Problem geworden. Jemand ist überschuldet, wenn er seinen Zahlungsverpflichtungen nicht mehr nachkommen kann. Heute neigen immer mehr Menschen dazu, Konsumgüter auf Ratenkredit zu erwerben. Kommt es jedoch zu unvorhergesehenen Veränderungen wie dem Verlust der Arbeit, einer Krankheit oder einer Trennung beziehungsweise Scheidung vom Partner, brechen die Einnahmen weg oder die Lebenshaltungskosten erhöhen sich und die Kredite können nicht mehr bedient werden. Manche Menschen nehmen dann sogar einen neuen Kredit auf, um auf diese Weise umzuschulden – der Beginn einer Schuldenspirale.

Menschen, die sich über Konsumkredite verschulden, haben es meist versäumt, rechtzeitig Rücklagen zu bilden. Mit dem Darlehen finanzieren sie alltägliche Wünsche oder kleinere Zwangsausgaben, etwa wenn der defekte Kühlschrank ausgetauscht werden muss. Ein Kredit zur Finanzierung des Eigenheims beispielsweise ist dagegen in der Regel nicht nur alternativlos, sondern auch sinnvoll. Wenn ich für meine eigenen vier Wände erst so lange sparen würde, bis ich sie mir ohne Kredit leisten könnte, würde ich vermutlich erst im Rentenalter einziehen.

Die sinkende Sparquote deutet auch darauf hin, dass immer mehr Menschen dazu neigen, kurz- und mittelfristige Ausgaben zu tätigen, statt langfristig Geld zurückzulegen. Das liegt unter anderem am rapiden Wertverlust des Geldes. Ähnliches trifft übrigens auf die Altersvorsorge zu.

Hinzu kommt ein gesellschaftliches Klima, in dem es immer einfacher und auch „normaler" wird, Kredite aufzunehmen, Schulden zu machen und auf Pump zu leben. Alle machen das so! Die Medien sind voll von Nachrichten, Berichten und Reportagen über die zunehmende Staatsverschuldung, prominente Einzelfälle von Steuerhinterziehung und unzählige Insolvenzen. Öffentliche Bauvorhaben verzögern sich und verschlingen Milliarden. Vielerorts werden fehlende Gelder „nachgeschossen". Als gutes Vorbild dienen all diese Beispiele dem einfachen Verbraucher sicher nicht. Mittlerweile ist jeder zehnte Deutsche überschuldet und auch das Verschuldungsrisiko für jeden Einzelnen ist gestiegen.[78]

Aus dem Leben: Elke
Es kommt nicht häufig vor, dass sich jemand in einem meiner Workshops so öffnet, wie es Elke tut. Die Erzieherin schildert, wie sie zu ihren Schulden kam, die sie inzwischen mit großer Disziplin versucht wieder loszuwerden. Elke ist vor drei Jahren umgezogen. Dieser Umzug kostet Geld, das sie eigentlich nicht hat. Daher nimmt sie einen Kredit auf. Sie freut sich sehr auf ihre neue Wohnung, die in dem Kiez liegt, in dem sie aufgewachsen ist. Und wie es so ist, an der Wohnung möchte sie auch ein paar Verschönerungen vornehmen, dazu Möbel für ihr neues Heim anschaffen. Doch dann kommen Ausgaben hinzu, die Elke nicht vorhergesehen hat. Sie ist unachtsam und gibt viel mehr Geld aus, als sie hat. Sie leiht sich welches von Freunden. So häufen sich die Schulden an, die sie mit ihrem Erzieherinnenverdienst nicht mehr bedienen kann. Sie einigt sich mit ihrer Bank auf eine Umschichtung des Kredits mit festgelegten Ratenzahlungen.

Das bedeutet, dass Elke seitdem jeden Cent umdrehen muss, um nicht wieder in Rückstand zu geraten. Außerdem achtet sie darauf, jeden Monat ein bisschen Geld zur Seite zu legen, damit sie mal wieder eine größere Anschaffung machen oder auf Unvorhergesehenes reagieren kann. Sie geht wohlwollend mit sich und der Situation um und findet, dass das jedem mal passieren kann.

„Ich habe gelernt", sagt sie. Heute führt sie ein Haushaltsbuch, rechnet aus, was sie im kommenden Monat benötigt und wie viel ihr Leben kostet. Manchmal fallen Versicherungsbeiträge an, dann ist es in einem Monat finanziell enger. Aber Elke weiß jetzt genau, wie ihre finanziellen Spielräume konkret aussehen. „Ich glaube, ich habe ganz gute Strategien entwickelt, um bald wieder Land zu sehen."

Schulden bei Jugendlichen
Häufig geraten schon junge Menschen in die Überschuldung.[79] Viele Einzelfälle tauchen zwar nie in der Statistik auf, da sie innerhalb der Familien aufgefangen werden, dennoch ist der Trend unverkennbar. Sind es vor allem die Mobilfunk- oder Online-Rechnungen, die nicht mehr beglichen werden können und diese Altersgruppe in Zahlungsnöte bringen? Pauschale Antworten gibt es nicht, sagen die Experten der Schuldnerberatungsstellen, meist ist es eine Kombination aus mehreren Faktoren.[80]

Ein Meilenstein im Leben junger Menschen ist der 18. Geburtstag. Von einem Tag auf den anderen dürfen sie ihr Konto überziehen, weil Banken und Sparkassen ihnen einen Dispositionsrahmen einräumen. Hinzu kommt die Möglichkeit, eigenständig Konsumkredite zur Finanzierung von Technik und anderen Gütern aufzunehmen, da sie nun voll geschäftsfähig sind. Nicht mehr die Eltern unterschreiben in Schule, Ausbildung und dem restlichen Leben, sondern die Jugendlichen selbst. Sind sie darauf vorbereitet? Schuldnerberater berichten, dass junge Menschen häufig Verträge unterzeichnen, deren finanzielle Konsequenzen sie nicht einschätzen können. Das betrifft vor allem die Vertragslaufzeiten und die Kündigungsoptionen.

Kommen die Jugendlichen dann in Zahlungsnöte, weil sie einen Kredit zurückzahlen müssen, ergreifen sie häufig vorschnell und unüberlegt Maßnahmen, die sie an anderen Stellen in Schwierigkeiten bringen. Manchmal schulden auch sie mit neuen Krediten um oder überweisen Miete und Stromabschlag nicht, damit die Gläubiger die fällige Rate erhalten. Inkasso-Beauftragte bauen nämlich schnell Druck auf und schüren die Angst vor dem Gerichtsvollzieher, die in dieser Altersgruppe sehr groß ist.[81]

Insgesamt ist zu beobachten, dass vielen Jugendlichen der allgemeine Überblick über ihre Einnahmen und Ausgaben fehlt. Haben sie zu Hause nie gelernt einzuschätzen, wie viel der Alltag wirklich kostet, dann fehlt ihnen vor allem das Bewusstsein für die festen monatlichen Ausgaben, etwa für eine eigene Wohnung. Bisher waren sie es gewohnt, dass andere dafür aufkamen und sie ihr Geld nur für Freizeitaktivitäten etc. verwenden konnten. Zum ersten Mal müssen viele erkennen, dass nach Begleichen der sogenannten Fixkosten wenig zum Leben übrig bleibt, vor allem dann, wenn das Lehr- oder Ausbildungsgeld gering ist. Letztendlich gilt das natürlich auch für ältere Erwachsene, die die ersten Jahre in finanzieller Unabhängigkeit gemeistert haben: Nicht gelernt ist und bleibt nicht gelernt. Die Folgen bekommt auch noch so mancher 40-Jährige zu spüren.

Leider trifft die klamme finanzielle Situation vieler Jugendlicher heute auf eine gesellschaftliche Umgebung, in der „Shopping" zur beliebtesten Freizeitbeschäftigung junger Menschen geworden ist.[82] Technik und Kleidung stehen ganz oben auf der Ausgabenliste. Innerhalb der Altersgruppe gilt es mitzuhalten und niemand fragt, ob „die anderen" sich das alles überhaupt leisten können. Die Liste der Verlockungen ist lang und für jeden ist etwas dabei. Vorausschauendes Planen, Prioritätensetzung und Geduld sind Kompetenzen, die an dieser Stelle wirksam helfen könnten. Ihnen entgegen steht aber die Einstellung, alles sofort haben zu wollen und zu können. Der von Wirtschaft und Handel geschaffene Zeitgeist befördert diesen Trend immer mehr: Konsumkredite sind ein werbeintensives Produkt geworden und haben viel von ihrem ehemals anrüchigen Ruf verloren.

Nicht nur junge Menschen empfinden es als Herausforderung, täglich zwischen Notwendigem und Gewolltem zu unterscheiden. Manchmal ist das Geld knapp und wir müssen mit dem auskommen, was wir haben. Dann ist wieder mehr da – doch wie lange noch? Welche Ausgaben müssen sein? Welche kann ich mir leisten? Was ist heute notwendig, was morgen? Welche Ziele stecke ich mir und wie kann ich sie Schritt für Schritt erreichen? Will ich jetzt mit anderen mithalten oder lieber in naher Zukunft finanziell unabhängig sein und auf eigenen Beinen stehen? Habe ich Rücklagen gebildet?

Die Verführungen und Möglichkeiten in unserer Gesellschaft sind groß. Bis zu 50 Prozent der Käufe werden impulsiv und unkontrolliert getätigt.[83] Das ist in unserer Konsumwelt so angelegt und gewollt. Oft fällt es uns schwer, uns dagegen zur Wehr zu setzen. Viel Geld zu besitzen ist übrigens auch keine Lösung. Es bleibt bei der Herausforderung, nur so viel auszugeben, wie da ist. Denn mit dem Einkommen steigen in der Regel die individuellen Ansprüche – und nicht selten auch die Ängste.

Kinder und Jugendliche wollen „wissen" und „können".[84] Warum sollen wir ihnen nicht mehr vom Leben, seinen Geschichten und Verläufen, Hürden und Klippen, Aufgaben und Herausforderungen, Prüfungen und Niederlagen erzählen? Dabei dürfen wir natürlich nicht aus den Augen verlieren, dass sie anfangen müssen, ihre eigenen Erfahrungen zu machen. Sie brauchen mehr Eigenverantwortung und Übung. Dann entwickelt sich ein stärkeres Selbstvertrauen, das sie brauchen, um ihren Weg zu gehen.

Noch einmal ganz deutlich: Es ist wie überall im Leben. Wenn ich ein Thema ausblende, auch nur zum Teil, wenn ich nicht offen darüber spreche, kein Verhalten bewusst einübe, wenn ich es einem täglich präsenten Thema erlaube, mir selbst ein Rätsel zu sein, sind die Folgen negativ. Das betrifft alle Bereiche – von der Gefühlsebene bis hin zur praktischen Anwendung im Alltag. Zu dieser Erkenntnis gibt es keine Alternative.

Lasst uns das Thema Geld enträtseln!

Mund aufmachen – tut auch nicht weh!

Wie schon geschrieben, können wir nicht *nicht* kommunizieren. Ob mit Worten oder ohne – wir geben immer etwas von uns preis: von unseren Gedanken, Einstellungen und Überzeugungen, Ängsten, Frustrationen, Bedürfnissen, Sehnsüchten oder Gefühlen. Aber nicht immer ist uns das recht. Manchmal wollen wir uns lieber verstecken, nur einen Teil von uns oder nur unsere Schokoladenseite zeigen. Bereits in unserer Kindheit haben wir uns dieses Verhalten von den Erwachsenen abgeschaut. Wir passen uns an, sind vorsichtig – manchmal auch ein bisschen unehrlich – und agieren nicht einfach wild drauflos. Denn das könnte uns verletzbar machen. Also handeln wir lieber mit Bedacht, wir kontrollieren und wollen selbst über das Maß unserer Offenheit entscheiden. Bewusst ist uns dieses Vorgehen nicht immer, Bauch und Gewohnheit spielen dabei nämlich eine große Rolle.

Kommunikation und Persönlichkeit: Wer bin ich?
Wie offen sind wir in unseren eigenen vier Wänden? Wie verhalten wir uns innerhalb der Familie, unter Menschen, die uns nahestehen? Offenbaren wir in einem geschützten Kreis all unsere Eigenschaften, Gedanken und Gefühle? Zu Hause wollen wir uns doch eigentlich nicht verstecken. Wir wollen sein, wie wir sind, akzeptiert und geliebt werden. Gerade hier wollen wir nicht verletzt werden.

Wie in einer Familie kommuniziert wird, worüber in welchem Ausmaß und in welcher Art und Weise gesprochen wird, bestimmen zunächst die Eltern. Die Kinder wachsen in eine Welt hinein, in der die Eltern das jeweilige „Modell" vorleben. Manchmal sind sich beide Elternteile ähnlich, manchmal grundverschieden. Und dennoch gibt es überall bestimmte familiäre Abläufe, in denen jeder seinen Platz und seine Rolle hat. Kinder verinnerlichen das vorgelebte Muster sehr früh. Erst später vergleichen sie die in der Kernfamilie gemachten Erfahrungen mit anderen Lebenswelten: Wie kommunizieren die Großeltern, andere Verwandte, Freunde und deren Eltern, wie wird auf der Straße oder in den Medien miteinander gesprochen? Und wie verändert sich die Kommunikation in der Familie, wenn die Kinder älter werden, Lebenssituationen sich verändern? Beispielsweise wenn die Eltern sich trennen, sich jemand verliebt oder stirbt?

Kann in der Familie über alles gesprochen werden? Erzählen die Eltern von sich, ihren Gedanken, Gefühlen, Bedürfnissen, Nöten und Ängsten? In welcher Art und Weise tun sie das? Wer erfährt was – wer wird ins Vertrauen gezogen, wer bleibt außen vor? Gibt es Streit und Konflikte, wenn ein Problem auftaucht oder etwas nicht stimmt? Welche Themen werden in der Familie ausgeblendet? Wann wird kommuniziert, immer erst, wenn sich die Positionen schon verhärtet haben, oder vorausschauend und planend?

Kommunikation ist ein zentraler Baustein unseres Lebens. Wann, wo, wie, mit wem, warum, worüber und wie viel wir sprechen oder nicht sprechen, bestimmt jeder für sich. Zwar werden wir ab und zu in ein Gespräch oder eine Auseinandersetzung verwickelt oder sogar gedrängt. Dann haben wir das Gefühl, dass uns keine Wahl bleibt. Aber selbst in diesen Fällen besteht in der Regel die Möglichkeit, Rahmen, Zeitpunkt und Art und Weise der Unterredung mitzubestimmen.

Mit diesen Parametern der Kommunikation präsentiert jeder seine Persönlichkeit. Wie offen oder zugeknöpft zeigen wir uns? Finden wir es anstrengend oder gar nervig, wenn jemand versucht, sich auf eine bestimmte Art darzustellen, vielleicht mit lauten Worten und demonstrativen Gesten? Ist uns das zu viel? Wie empfinden wir es, wenn wir unserem Gegenüber alles „aus der Nase ziehen" müssen? Wo liegt das richtige Maß? Gibt es das überhaupt? Ohne die Nuancen und unzähligen persönlichen Herangehensweisen bewerten zu wollen – über eines sind wir uns alle einig: Wenn jemand sich zeigt und redet, wie er denkt, fühlt und handelt, dann erleben wir diesen Menschen, sein Verhalten und seine Kommunikation als authentisch.

Das heißt übrigens mitnichten, perfekt zu sein und in allen Lebenslagen alles richtig zu machen oder wie fünfjährige Kinder unmittelbar alles auszusprechen, was einem gerade durch den Kopf geht. Authentizität heißt eigentlich, im besten Sinne Mensch zu sein. Und das sind wir, wenn wir unsere Bedürfnisse kennen und uns unserer Stärken und Schwächen bewusst sind. Dabei kommt es weniger auf das Ergebnis an, sondern eher auf den Weg, den wir gehen.[85] Voraussetzungen hierfür sind der Mut, sich zu zeigen, wie man ist, und die Zuversicht, dass Veränderung jederzeit möglich ist. Denn im Laufe der Zeit sind wir häufig auch zur Neuorientierung gezwungen. Nicht immer können wir uns auf das verlassen, was wir gelernt haben. Wie können wir neue Einflüsse berücksichtigen? Patentrezepte helfen nicht immer weiter.

Auf den Tisch, nicht unter den Teppich: Wir reden über Geld
Vieles im Zusammenhang mit dem Thema Geld ist mit Verdrängen, Vermeiden, Weggucken und Passivität verbunden. Über unseren Erfahrungen, unseren Gefühlen,

unserem Handeln liegt nicht selten ein Mantel des Schweigens. Wir verstecken uns hinter einer Fassade, selbst unseren Kindern zeigen wir oft große Teile unserer Identität nicht – oder versuchen es zumindest. Nur so lässt sich erklären, dass das Thema Geld auch heute noch für Kinder zum Rätsel wird. Wie sollen sie dessen Komplexität alleine durchschauen und verstehen, wenn wir ihnen diese Welt nicht öffnen, ihnen nicht davon erzählen, sie nicht teilhaben und mitwirken lassen?

Unsere Kinder benötigen eine Offenheit, die weniger Rätsel aufgibt und keine unbewussten Ängste schürt. Dabei gibt es kein allgemeingültiges, abgestecktes Vorgehen, aber klar ist: Das Heft des Handelns liegt in den Händen der Eltern. Kommunikation bringt das Thema Geld erst einmal auf den Tisch und kehrt es nicht länger unter den Teppich. Was zählt, ist nicht die Geschwindigkeit, sondern die Richtung. Beginnen wir schon früh Gespräche mit unseren Jüngsten, dann üben, lernen und wachsen wir selbst mit den Aufgaben, die im Laufe der Jahre komplexer, komplizierter und manchmal auch konfliktreicher werden. Im besten Fall lernen nicht nur unsere Kinder, sondern auch wir.

Anfangen, verändern, etwas Neues wagen ist nie einfach. Voraussetzungen sind zunächst unsere Einsicht und die Bereitschaft, erste Schritte zu gehen. Wir sollten überzeugt davon sein, dass der Weg gut, richtig oder vernünftig ist. Es kann helfen, sich vor Augen zu führen, dass es vor allem um die Kinder geht, denen es nicht nur heute, sondern auch in Zukunft gut gehen soll. Denn schließlich handelt es sich um einen Grundkonflikt: Lebt es sich jetzt nicht einfacher, bequemer und konfliktfreier, wenn wir alles so belassen, wie es ist? Reicht es nicht abzuwarten, bis unsere Kinder selbst Interesse zeigen? Schließlich haben wir noch kein „Problem"!

Überhaupt, diese ganze Konsumorientierung! Ist das Motto „Was unsere Kinder nicht wissen, macht sie nicht heiß" in diesem Fall nicht doch richtig? Gerade in anderen Familien sehen wir die Kinder ununterbrochen betteln, herumjammern und maßlos fordern. Und wollen wir überhaupt, dass unsere Kinder uns ständig nach dem Geld und unserem Umgang damit fragen? Vor allem, wenn es gerade finanziell eng ist oder es Streitigkeiten um ein Erbe oder um anstehende Ausgaben gibt, in die die Kinder besser nicht mit hineingezogen werden sollen? Wir möchten schließlich nicht, dass unser Ärger oder unsere Sorgen zu denen unserer Kinder werden.

Ihre Kinder interessieren sich nicht für Geld? Das ist unwahrscheinlich. Fast jedes Kind interessiert sich dafür. Es spielt mit dem Kaufmannsladen oder den Münzen im Portemonnaie. Es beobachtet fasziniert, wie wir mit Geld umgehen. Es liebt Flohmärkte und macht sich Gedanken. Und selbst wenn nicht – interessieren sich unsere Kinder fürs Zähneputzen, für gesunde Ernährung, für Arztbesuche?

Außerdem bekommen Kinder *immer* mit, wenn in der Familie etwas nicht stimmt. Wenn wir ein Problem für sie nicht in Worte fassen, es für sie einordnen, dann machen sie sich ihren eigenen Reim darauf. Möglicherweise entwickeln sie Ängste, die sie beschäftigen und belasten. Außerdem schauen sie sich von uns ab, mit schwierigen Lebenssituationen umzugehen, egal woher die Herausforderungen kommen. Es ist unsere Aufgabe als Eltern, sie wissen zu lassen, dass wir für sie sorgen und uns kümmern, auch wenn es Schwierigkeiten gibt.

Für die Kommunikation über Geld gilt also: früh, altersgerecht und ehrlich beginnen. Wenn wir darüber sprechen, werden wir für unsere Kinder besser erkenn- und einschätzbar. So schaffen wir bei ihnen eine größere Sicherheit und mehr Vertrauen. Das wiederum ist wichtig, um schon früh positive Gefühle auch beim Thema Geld zu entwickeln. Dabei geht es nicht notwendigerweise darum, eine Leidenschaft zu entfachen. Vielmehr zählen das Bewusstsein und der Spaß an der Notwendigkeit, sich heute und in Zukunft um diesen Lebensbereich verantwortungsvoll zu kümmern.

Öffnen und kommunizieren:
Am Anfang steht das Anfangen
Authentisch sein, das ist leichter gesagt als getan. Wie stelle ich das an? Braucht es dafür nicht eine professionelle Therapie, um sich in vielen Bereichen des Lebens selbst näherzukommen? In dem einen oder anderen Fall kann das sinnvoll sein. Denn jeder von uns hat seine ganz persönliche Geschichte und seine ganz persönlichen Baustellen, auch beim Thema Geld. Wie können Eltern lernen, sich authentischer auszudrücken und mit ihren Kindern offener über Geld zu sprechen? Wie schaffen wir es als Erwachsene und Eltern, uns mit dem Thema Geld besser auseinanderzusetzen? Welche Werte und Überzeugungen sind uns dabei wichtig? Und sind wir mutig genug, uns auf den Weg zu uns selbst zu machen?

Wer über das Thema spricht, fängt an, darüber nachzudenken und eine neue Wahrnehmung dafür zu entwickeln. Es könnte auf diese Weise gelingen, mit mehr als nur einem halben Herzen dabei zu sein.

Was können Eltern für sich tun?
› Wer anfängt, über Geld zu reden, wird vielleicht feststellen, dass es keine leichte Sache ist, vor allem wenn wir es lange Zeit unbewusst vermieden haben. Dafür gibt es Gründe, aber welche?

› „Auch die Art und Weise, wie wir uns selbst heute sehen und mit uns selbst umgehen, wurde maßgeblich dadurch geprägt, wie wir gesehen wurden und wie mit uns umgegangen wurde – von unseren Eltern, Erzieherinnen oder auch Lehrern. Hier liegt auch die Ursache für den weit verbreiteten Mangel an Selbstwertgefühl, die Schwierigkeit, mitfühlend mit uns selbst zu sein, und den inneren Richter, den wir vielleicht immer noch mit uns herumschleppen und der uns nie gut genug sein lässt."[86]

› Daher wird mehr Offenheit für uns manchmal sogar bedrohlich und wir fürchten uns davor. Wie nehmen wir es wahr, wenn sich jemand uns gegenüber öffnet und mehr von sich preisgibt? Was empfinden wir dabei?

› Wie sieht mein wahres Ich in Gelddingen eigentlich aus? Kenne ich es überhaupt? In der Regel ist es in unserem Unterbewusstsein verschüttet. Doch wie kam es dazu? Wer oder was ist dafür verantwortlich? Waren es die Sanktionen des Vaters oder der Liebesentzug der Mutter, wenn wir uns als Kinder nicht verhalten haben, wie es von uns erwartet wurde? Haben wir schon als Kind begonnen, uns zu verstellen? Ging es uns nicht immer nur darum, geliebt zu werden? Und sind es die familiären Regeln aus unserer Kindheit, die irgendwann zu unseren geworden sind?

› Bisher dachten viele Eltern, denen das Reden über Geld schwerfällt, sie handeln im besten Sinne für ihre Kinder. Sie haben Vorstellungen davon, was gut und richtig für die Kinder ist. Häufig wird als Ziel genannt, sie zu beschützen.

Doch wovor? Beschützen wir unsere Kinder vor dem Straßenverkehr, indem wir sie ihre ganze Kindheit lang zur Schule fahren? Beschützen wir sie und uns vor Läusen, indem wir die Kinder nur mit Badekappe aus dem Haus lassen? Vor Erkältungen, indem wir das ganze Haus desinfizieren? Vor Erfahrungen, indem wir ihnen alles abnehmen? Oder vor Verantwortung?

› Sind Eltern, die sich so verhalten, authentisch? Oder tragen sie eher eine rationale und rätselhafte Maske, die es ihnen ermöglicht, sich zu einem gewissen Teil auch vor ihren Kindern zu verstecken? Und wie häufig ist die Ursache dafür die eigene Unsicherheit in Gelddingen? Oder gibt es andere Gründe?

› In der authentischen Kommunikation über Geld gelten Regeln, die auch in anderen Bereichen sinnvoll sind. Dazu gehört, dass es besser ist, das zu leben, was man sagt oder gar predigt. Trete ich nach außen hin anders auf, als ich es zu Hause praktiziere, dann handle ich für mein Kind widersprüchlich und wenig authentisch. Gibt es ein „Bild", das wir gerne von uns zeichnen möchten? Wollen wir besonders erfolgreich, wohlhabend oder großzügig erscheinen? Unsere Kinder erkennen den Unterschied zwischen dem, was wir planen, wovon wir überzeugt sind und was wir konkret vorleben.

› Wenn wir es schaffen wollen, unsere Kinder dazu zu bringen, sich langfristig auch mit diesem Teil des Lebens auseinanderzusetzen, ist es gut, wenn wir selbst von der Relevanz überzeugt sind. Wenn wir darüber hinaus selbst Spaß an der Sache haben, können wir sie vielleicht sogar motivieren und begeistern.

› Wenn wir kommunizieren, uns mit anderen austauschen, dann sprechen wir über uns, unsere Werte, unsere

Gefühle und unser Verhalten. Wenn wir bereits mit unseren Kindern über die Hochs und Tiefs, die bewussten und unbewussten Elemente, die guten und die schlechten Gefühle, die Wünsche und Träume nachdenken und sprechen, dann lernen sie etwas, was die meisten von uns als Kinder nicht gelernt haben. Dabei gilt grundsätzlich: Auch seine Schwächen zu offenbaren, ist unterm Strich eine Stärke.

Was können Eltern gemeinsam mit den Kindern tun?
Wir kommunizieren in jedem Moment, den wir mit unseren Kindern verbringen. Doch nicht immer sind wir uns dessen bewusst. Manchmal – oft sogar – geht es dabei ums Geld, auch wenn uns das nicht immer klar ist.

▸ Beim Kommunizieren geht es nicht nur um die Qualität der Beziehung, die wir zu unseren Kindern haben. Die Art und Weise, wie wir in der Familie und mit unseren Kindern reden, prägt auch ihren Selbstwert. Nehmen wir sie im Alltag ernst? Gehen wir achtsam mit den unterschiedlichen Bedürfnissen in der Familie um oder passiert es uns immer wieder, dass wir darüber hinweggehen? Sind wir häufig gestresst, ungerecht, unwirsch und halten die Kinder aus vielen Bereichen und Entscheidungen in unserem Leben heraus? Wenn wir es schaffen, empathisch, aufmerksam, vorsichtig und authentisch mit unseren Kindern umzugehen, fühlen sie sich respektiert, geliebt und sicher. Dabei hilft es manchmal, die Welt mit ihren Augen zu sehen.
▸ Wie reden wir mit unseren Kindern? Halten wir Vorträge? Präsentieren wir ihnen gerne fertige Rezepte und Lösungen? Warum lassen wir sie nicht einfach ausprobieren? Das hat viele Vorteile: Sie entwickeln weniger Ängste und

trauen sich mehr zu. Aus Versuchen und Fehlern lernen sie am meisten. Und sie bekommen früh mit, dass ihre Eltern nicht unfehlbar sind.

‣ Überfahren wir unsere Kinder nicht regelmäßig mit Erklärungen, Ratschlägen und Kurzvorträgen? Wie oft wissen wir schon vorher, wie eine Sache ausgehen wird? Und welchen Raum bekommen die Erfahrungen der Kinder, ihre Fragen? Welche Chance hatten wir selbst als Kind, entscheiden zu dürfen, ob wir unser Taschengeld in etwas Unsinniges, Wertloses, Hässliches, Überteuertes oder Unpraktisches investieren? Welche Wirkung haben bewertende Bemerkungen von Eltern?

‣ Negative Kommunikation ist im Umgang mit Geld nicht selten. Uns gefällt eben nicht immer, was unsere Kinder tun. Und doch sind die eigenen Erfahrungen die wichtigsten. Wer viel redet, hört zudem meist seltener zu. Kommunikation mit Kindern heißt also auch immer, das Zuhören nicht zu vergessen!

‣ Schweigen ist Gold? Käse! Tabus schüren Ängste und erzeugen negative Gefühle. Daher gilt in Bezug auf Kinder: Nichts grundsätzlich verschweigen und keine Tabus! Angemessen und altersgerecht über alles sprechen und dabei auch Unschönes und Trauriges benennen und einordnen.

‣ Wenn wir mit Kindern – vor allem mit jüngeren – über Geld sprechen, tun wir dies im Zusammenhang mit konkreten Entscheidungen und Situationen. Die Geldwelt ist heute schon so virtuell und wenig „begreifbar". Im familiären Alltag wird das Thema konkret und nachvollziehbar. Und dazu gehören die täglichen Erlebnisse mit unseren Kindern.

‣ Wissen wir immer, wie etwas geht, oder machen wir manche Dinge nicht auch zum ersten Mal? Beim Umgang mit den neuen Medien beispielsweise machen wir unseren Kindern nichts mehr vor. Wie ist es beim Thema Geld? Auch hier gibt es immer wieder Neuerungen, die selbst wir noch nicht kennen. In der Kommunikation über Geld können wir also überzeugt von etwas sein, weil wir es wissen oder können, oder wir lassen unseren Kindern gegenüber auch ab und zu Zweifel zu. Das macht uns wieder ein Stück authentischer und menschlicher.

› In der Kommunikation geht es um das gegenseitige Verstehen: Was ist dir wichtig? Was ist mir wichtig? Wer hat welche Bedürfnisse? Sind wir uns dieser zu jedem Zeitpunkt bewusst? Viele von uns haben keinen ehrlichen und konstruktiven Umgang mit den eigenen Bedürfnissen von ihren Eltern gelernt. Daher ist es nun – als Erwachsener – harte Arbeit, diesbezüglich bewusster mit sich umzugehen, auch weil wir von Menschen umgeben sind, die ihre Bedürfnisse meist ebenfalls nicht äußern. Und es gilt: Auch Kinder haben Bedürfnisse, die wir ernst nehmen müssen.

› Und wenn die Kommunikation mit unseren Kindern mal in eine Sackgasse geraten ist? Dann möglichst keinen zusätzlichen Druck aufbauen. Wenn Kinder sich zurückziehen, abschalten oder traurig sind: vorsichtig versuchen, mit ihnen ins Gespräch zu kommen oder es zu bleiben.

› In welchen Alltagssituationen ist Kommunikation eigentlich wichtig? Wenn ich zum Beispiel etwas verloren habe, lasse ich es dabei bewenden oder rufe ich im Fundbüro an? Wenn ich eine falsche Rechnung bekommen habe, versuche ich dann, den Fehler richtigzustellen, um nicht schließlich auf den Kosten sitzen zu bleiben? Wenn ich mich verspäte, melde ich mich vorher bei meiner Verabredung? Wenn ich etwas nicht will, sage ich das? Und wenn ja, wie? Wenn ich keine Lust habe, zum Gitarrenunterricht zu gehen, sage ich ab? Wenn mir ein Geschenk nicht gefällt, traue ich mich, das anzusprechen, und bekomme so die Chance, es umzutauschen? Wer ruft beim Arzt an? Wer meldet sich in der Schule? Wer fragt im Sportverein nach? Wer organisiert die Fahrgemeinschaft zum nächsten Spiel? Wer verabredet sich mit Freunden? Unser soziales Verhalten baut auf Kommunikation auf. Doch ganz oft ist es Eltern oder Kindern unangenehm, bestimmte Gespräche zu führen. Dabei spielt meist die Angst vor dem Unbekannten eine Rolle. Daher übernehmen es die Eltern lange Zeit, die Termine beim Friseur, Arzt oder mit Freunden zu vereinbaren.

> Insgesamt geht nichts über gemeinsame Gespräche von Eltern und Kindern – auch über ihre Erfahrungen im Umgang mit Geld! Dabei lernen alle. Denn wie oft erkennen wir erst im Nachhinein, was alles möglich gewesen wäre oder wie wir anders beziehungsweise besser hätten handeln können?

Unsere eigene Geschichte – ein machtvoller Faktor

Aus welcher Welt kommen wir, die wir jetzt Eltern unserer Kinder sind? Sind wir früh oder eher spät Vater oder Mutter geworden? Sind wir in Deutschland oder einem anderen Land geboren? Lieben wir das Meer oder die Berge? Hatten wir Geschwister oder ein Meerschweinchen? Durften oder mussten wir als Kind arbeiten? Kam die Musik aus dem Kassettenrekorder oder schon aus dem CD-Spieler? Hatten die Eltern ausreichend Geld oder war zu wenig davon da? Lebenswelten können nicht vielfältiger sein. Jeder hat seine eigene Geschichte, jeder seine eigenen Erfahrungen. Unsere Herkunftsfamilien waren meist prägend, aber auch Zeit und Raum um uns herum, in denen wir Kinder waren und groß wurden, hatten einen großen Einfluss auf uns.

Der Vater meiner Kinder ist in den 1950er-Jahren geboren und in Mannheim aufgewachsen. Wenn er von schrammeligen Tonbändern und Frank Zappa erzählt, dann haben unsere Kinder nur eine undeutliche Vorstellung von seiner Welt als junger Mann. Er wird zwar spät, aber nicht zum ersten Mal Vater, als unsere Söhne auf die Welt kommen. Sein ältester Sohn ist heute bereits 30 und ebenfalls Vater. Verheiratet ist der mit einer Frau, die in Singapur aufgewachsen ist. Die kleine Familie lebt in Berlin. Ich wiederum bin Ende der 1960er-Jahre geboren, habe meine Jugendzeit in den 1980er-Jahren verlebt und bin eine nicht mehr junge, aber auch noch nicht sehr alte Mutter. Denn ich werde im Vergleich zum Vater von meinen Kindern immer als jünger wahrgenommen – egal wie alt ich werde. Ich bin auf dem Land in der Lüneburger

Heide groß geworden und lebe nun schon seit über 25 Jahren in Berlin.

Was Hänschen lernt, hat den Hans im Griff
Selbstverständlich prägt uns die Welt, die uns umgibt. Mein jüngster Sohn macht mir das immer klar, wenn ich mich mal wieder über seinen ausgiebigen Medienkonsum beklage.

„Entweder fernsehen oder surfen!", rufe ich bei Gelegenheit gerne aus.

Er zuckt dann nur lässig mit den Schultern und bezeichnet sich als Digital Native. „Das geht schon alles, Mama." Dann setzt er aber noch einen drauf, um ganz sicherzugehen, dass ich nicht doch noch eingreife: „Auch wenn du das so nicht gelernt hast!"

Wenn Eltern auf ihre eigene Kindheit schauen, wird deutlich, wie stark sich das Leben in vielen Bereichen verändert hat. Kindheit fand vor 30 oder 40 Jahren noch vorwiegend auf der Straße, im Garten, im Hof oder in Wald und Flur statt. Ich saß im Auto ohne Kindersitz, Gurt und Nackenstütze. Manchmal wurden wir zusammen mit den Nachbarskindern zu fünft hinten auf die Rücksitzbank gepfercht, wenn es im Sommer ins Schwimmbad ging. Im Winter rasten wir zwischen Eichen die selbst gemachte Rodelbahn hinunter und mussten aufpassen, nicht im Bach zu landen. Wir gingen alleine bei Schnee und Eis zum zwei Kilometer entfernten Teich, um dort stundenlang Schlittschuh zu laufen oder Eishockey zu spielen. Wir fuhren ohne Helm mit dem Fahrrad durch den Wald zur Schule, zum Training oder zu Freunden zum Spielen. Wir gründeten eine Gang mit Mutproben und Geheimschrift. Wir suchten stundenlang den Wurf junger Kätzchen auf dem

Heuboden und bauten Höhlen. Wir stritten und prügelten uns mit anderen und erzählten unseren Eltern nicht alles. Wir träumten vom Reichtum und vom Erwachsensein. Irgendwann saßen wir zusammen mit den Großen an der Bushaltestelle und hingen ab. Wie weit ist diese Welt von der Welt meiner Kinder entfernt?!

Was wir als Kinder erlebt und von unseren Eltern mitbekommen haben, lässt uns ein Leben lang nicht los. Es ist wie ein großer Topf gefüllt mit Wissen, Werten, Gefühlen, Einstellungen und Verhaltensweisen, aus dem wir schöpfen. Er macht unsere Persönlichkeit, unsere Identität aus. Viele Dinge haben uns geprägt. Dazu gehört, wie unsere Eltern mit uns gesprochen und sich uns gegenüber verhalten haben, auch wenn sie etwas gut meinten, gedankenlos sagten oder taten. All das kann einen tiefen Eindruck auf uns gemacht haben. Viele Jahre lang waren unsere Eltern die wichtigste Instanz, der wir alles geglaubt haben, die alles wusste, alles konnte – und die irgendwie auch immer recht hatte. Erst später mussten wir feststellen, dass ihre Art zu kommunizieren, zu denken, zu fühlen und zu handeln ihre ganze persönliche Sicht auf die Dinge und das Leben war. Erst später konnten wir sehen, dass andere Menschen sich in vergleichbaren Situationen ganz anders verhielten. Doch zunächst gab es nur sie – sie waren unser größtes Vorbild. Und noch heute versuchen wir in vielen Situationen, ihnen zu gefallen und uns an ihre Regeln zu halten, bewusst oder unbewusst.

Nun sind wir selbst erwachsen und Eltern. Die Herausforderungen als Mutter oder Vater zu meistern, haben wir in keiner Schule gelernt. Und so kommt es, dass wir überwiegend aus dem Topf unserer eigenen Erinnerungen schöpfen. Von manchen Erfahrungen haben wir uns bewusst distanziert. Vielleicht haben wir gespürt, dass sie uns damals schon nicht guttaten. Anderes schätzen wir als Erwachsene neu ein und bewerten das, was unsere Eltern sagten oder taten, unterschiedlich. Vieles von dem, was wir denken, fühlen oder tun, wurzelt auch in den Traditionen, denen wir uns als Erwachsene wieder neu verbunden fühlen. So entsteht in vielen Lebensbereichen ein bewusstes Verhältnis zwischen Vergangenheit, Gegenwart und Zukunft. Und genau das wollen wir an unsere Kinder weitergeben.

Doch ganz häufig übermitteln wir unseren Kindern etwas unbewusst, ohne Ziele und klare Vorgaben. Sie beobachten uns, so wie wir schon unseren Eltern zugeschaut haben. Daher gibt es im täglichen Miteinander mit unseren Kindern eine Vielzahl an unbewussten Momenten des Lernens, die einen großen Teil ihrer Persönlichkeitsentwicklung ausmachen. Wie groß dieser Anteil ist, lässt sich nicht genau benennen, aber er ist größer, als wir denken. Natürlich kann es nicht gelingen, in jedem Moment unseres Lebens alle Abläufe präzise zu steuern und sich alles bewusst zu machen. Schaffen wir es aber, gut über uns Bescheid zu wissen, unsere Verhaltens-, Einstellungs- und Gefühlsmuster immer besser kennenzulernen, dann gelingt es uns, einen größeren Einfluss auf unser Sein und Handeln zu bekommen. Und das wiederum hat Konsequenzen für das Lernen und die Persönlichkeitsentwicklung unserer Kinder.

Authentische Eltern sind, wie sie sind. Sie haben nicht nur eine Schokoladenseite, sondern auch viele schwache, irrationale und ungute Momente. Und sie sind bereit, grundsätzlich auf alle Seiten ihrer Persönlichkeit zu schauen, nicht nur auf die guten. Darin liegt der große Unterschied zu den Eltern, die versuchen, immer alles richtig zu machen – nach außen und innen. Mit Sicherheit stehen Eltern heute unter großem Druck, der Anspruch an sie ist gewachsen. Überall wird das Kind- und Elternsein verglichen. Und so verwundert es nicht, dass immer mehr Eltern unter ihren hohen Erwartungen an die eigene Elternschaft leiden.[87] Was ihnen fehlt, ist die innere Ruhe und das Vertrauen in die eigenen Kompetenzen, aber auch die Einsicht, dass Fehler in Ordnung sind: Wir können eben nicht immer alles richtig machen! Viel wichtiger ist es, dass wir als Eltern offen, neugierig und selbstkritisch bleiben, um unseren Kindern keine fertigen Lösungen mitzugeben, sondern das Werkzeug, um sich mutig auf den Weg zu machen, zu ihren Fehlern zu stehen und sich immer wieder neu zu betrachten.

Unsere eigene Geldgeschichte
Wenn wir in Gelddingen erreichen wollen, authentischer mit uns und unseren Kindern umzugehen, dann auf zu einem ersten Schritt auf die Suche nach unserer Geldpersönlichkeit! Wer bin ich und wie bin ich zu dem geworden, was mich heute im Zusammenhang mit Geld ausmacht? Je mehr uns auch in diesem Lebensbereich bewusst ist, desto gezielter können wir unseren Kindern einen guten Umgang mit Geld vermitteln. Und umso geringer ist die Wahrscheinlichkeit, dass wir Unverarbeitetes unbewusst mit in die Gegenwart nehmen. Ist das der Fall, dann kann es schon mal vorkommen, dass wir uns wie Fünfjährige verhalten.

Unsere Kinder schauen genau hin. Dabei entdecken sie mit Sicherheit auch Widersprüche, so wie wir schon welche bei unseren Eltern ausfindig gemacht haben. Eltern können sich eben nicht vor ihren Kindern verstecken oder ihnen etwas vormachen. Das Dumme ist nur: Kinder nehmen derlei Widersprüche zwar wahr, können das Beobachtete aber nur schlecht einordnen. Wenn wir Eltern nicht mit ihnen darüber sprechen, bleibt ein Zerrbild – und somit ein ungelöster Widerspruch.

Wenn ich Menschen nach ihren Erinnerungen befrage, dann sprudelt es reichlich aus ihnen heraus. In der Regel erinnern wir uns gern an unsere Kindheit, Jugend und unser Leben als junge Erwachsene, bevor unsere Kinder auf die Welt kamen. Was ist in guter und was in nicht so guter Erinnerung geblieben? Wovon wollen und können wir unseren Kindern erzählen? Woran lassen wir sie teilhaben? Was möchten wir lieber nicht besprechen, was ist uns unangenehm und warum? Wie ist es mit unserer Geldgeschichte? Das Wissen und die Auseinandersetzung mit dem, was früher war, sind die Schlüssel zum Leben heute.

Aus dem Leben: Linda und Peter
Ich lerne die Engländerin Linda bei einem meiner Workshops kennen. Aus einer Gruppe von 30 Personen sticht ihre Persönlichkeit heraus, obwohl sie eigentlich eher klein ist. Sie lächelt, nickt, strahlt mich an. Und so ist auch ihre fünfjährige Ella. Ins Gespräch kommen wir zum ersten Mal an einer der Aufgabenstationen. Die Kinder drehen ein Roulette und werfen eine Kugel hinein, die bei einer Zahl liegenbleibt. Die Erwachsenen erinnern sich zum Beispiel an die Zeit, als sie sechs waren, wenn eine Sechs fällt, an ihre Ausbildung mit zwanzig bei der Zahl Zwanzig. Ereignisse, persönliche Erlebnisse, Gefühle, Gedanken kommen hoch. Wieder fällt die Kugel und Linda fängt an zu erzählen, kommt jedoch nicht weit, weil Ella gar nicht zuhört, sondern das Roulette einfach noch mal dreht. Aber

bei Linda wurde etwas im Kopf und im Herzen angestoßen, Erinnerungen werden wach. Sie denkt an das erste Taschengeld, an kleine Einkäufe, an die Preise ihrer Lieblingszeitschrift und der Süßigkeiten – und strahlt. Während Ella schon wieder das Roulette dreht und einfach nur Spaß am Raten hat, welche Zahl wohl als nächste fällt, weiß Linda, dass in ihr ein wahrer Schatz liegt: ihre vielen Erlebnisse, die ihr keiner nehmen kann. Und irgendwann wird sie Ella in Ruhe davon erzählen.

*

Peter ist Anfang der 1960er-Jahre im Sauerland geboren. Seine Eltern heiraten, als er schon unterwegs ist. Vor der Heirat macht seine Mutter eine klassische hauswirtschaftliche Ausbildung, sein Vater arbeitet zeitlebens als Angestellter bei der Deutschen Bahn. Das Haus, in dem Peter aufwächst, ist zwar im Familienbesitz, aber die Eltern bewegen sich ständig im Spannungsfeld zwischen dörflicher Anerkennung und den eigenen finanziellen Möglichkeiten. Denn in diesen Jahren des wirtschaftlichen Aufschwungs zählt das äußere Erscheinungsbild im Ort sehr viel: Der Garten muss schön, die Garage gemacht sein und das Haus – eigentlich Backstein – entsprechend dem Zeitgeist schön verputzt werden. Die Eltern halten dem Druck nicht stand und investieren, obwohl die Ausgaben eigentlich das Familienbudget sprengen. Der Vater übernimmt sich.

Doch davon erfährt Peter erst sehr viel später. Denn über Geld wird zu Hause nie gesprochen. Er sagt, es war ein echtes Tabu-Thema. Sein Vater kann nicht mit Geld umgehen. Er hält es mit dem Prinzip „Erst kaufen, dann bezahlen". Nur leider geht seine Rechnung nicht auf. Er macht Schulden. Seine Mutter versucht, den Lebensstil des Vaters vor den vier Kindern geheim zu halten. Sie schweigt all die Jahre, erst als Erwachsener erfährt Peter, was sich über die Jahrzehnte alles abgespielt hat. Auslöser sind die Geldprobleme seines jüngeren Bruders, der nach Peters Worten früher alles bekam, was er wollte. Heute ist er hoch verschuldet und das Thema Geld fliegt der ganzen Familie um die Ohren. Streit, Vorwürfe und das Problem, die Familie zusammenzuhalten, kennzeichnen die letzten Jahre.

Peter ist überrascht darüber, dass er selbst einen, wie er sagt, besonnenen Umgang mit Geld pflegt. Da seinen Eltern Geld und Anerkennung enorm wichtig waren, ist Peter auf die andere Seite gewechselt. Er legt seit jeher wenig Wert auf den äußeren Schein. Aber er weiß, warum. Und deswegen hat Peter schon früh angefangen, mit seinem Sohn offen und ehrlich über Geld zu sprechen: „Ich möchte, dass er den goldenen Mittelweg lernt."

Erkenne dich selbst, werde, der du bist
Selbsterkenntnis – was für ein schönes Wort! Wie großartig muss es sein, sich nicht nur gut zu kennen, sondern auch mit sich und den vielen Dingen des Lebens im Reinen zu sein. Dazu gehört auch, sich selbst zu mögen, Zufriedenheit, Selbstsicherheit und die Fähigkeit zu besitzen, das Leben zu nehmen, wie es ist. Leider sind viele von uns meilenweit von diesem Zustand entfernt.

Wenn es um das Thema Geld geht, gelingt es nicht immer, zu beschreiben, wer wir sind und was uns in dieser Hinsicht ausmacht. Manchmal finden wir sogar, dass wir uns selbst fremd sind. Das Thema Geld hat eben viel mit verborgenen Erfahrungen und unbewussten Gefühlen zu tun. Wir haben gelernt, unseren Selbstwert ans Geld zu knüpfen: Du bist, was du verdienst oder hast. Sind wir mit unserem Gehalt zufrieden? Verdienen wir, was wir verdienen? Warum bekommen wir bei dem Wort „Steuererklärung" schlechte Laune? Gehen wir mit Liebe und Sorgfalt an Themen wie Altersvorsorge oder finanzielle Absicherung heran? Wenn nein, warum eigentlich nicht? Was ist uns wichtig und warum? Was verbinden wir mit dem Thema Geld und warum?

In meinen Veranstaltungen und Coachings lassen sich Menschen auf diese Fragen ein. Dabei spielen alle zurückliegenden Erfahrungen eine Rolle. Durch Fragen, Gespräche und kreative Anregungen, etwa Zeichnen, Schreiben oder interaktive Spiele, werden die Teilnehmenden zunächst für die Bedeutung des Themas in ihrem Leben sensibilisiert. Ziel ist es dabei, den eigenen Persönlichkeitsstrukturen im Zusammenhang mit Geld auf die Schliche zu kommen. Vielleicht gibt es zurückliegende Ereignisse, die noch völlig unverarbeitet sind? Es ist spannend und schön zugleich zu erleben, was passiert, wenn Menschen sich langsam öffnen.

Was können Eltern für sich tun?
› Wenn wir uns auf die Suche nach unserer Geldbiografie machen, dann mit dem Ziel, die vielschichtigen und widersprüchlichen Erfahrungen im Umgang mit Geld in unserem Elternhaus zu beschreiben und zu verstehen. Dabei spielen die konkrete Familienkonstellation, in der wir aufgewachsen sind, und die Beziehungsmuster, die es in unserem Elternhaus und unserer Familie gab, eine Rolle.
› Sich auf die Suche nach der eigenen Geldbiografie zu machen, heißt zunächst, sich zu erinnern. Dabei denken wir über unsere eigene Geschichte nach. Welche Erinnerungen können wir zurückholen? Haben wir Zugriff auf alte Gefühle?

› Wenn wir unseren Lebensweg reflektieren, überschreiten wir Grenzen. Denn wir verlassen unseren gewohnten Alltag. Wenn wir anfangen, das zu hinterfragen, was für uns im Umgang mit Geld selbstverständlich erscheint, dann können wir alte Erfahrungen neu bewerten und damit eine veränderte Sichtweise gewinnen. So kann es gelingen, die eigene Geschichte – Herkunft, Kindheit und Eltern – besser zu verstehen.

› Dieses „Forschen" ist in der Regel eine Selbst-Erforschung. Jeder bestimmt dabei selbst, wie konkret und intensiv er vorgehen möchte. Die Art und Weise des Forschens ist allerdings vom persönlichen Erkenntnisinteresse geleitet, die eigene „Gewordenheit" zu identifizieren.[88] In welchem Zusammenhang steht mein heutiger Umgang mit Geld mit Ereignissen in meiner Vergangenheit? Welche Ereignisse haben noch heute Einfluss auf meine Gefühle und mein Finanzgebaren? Ziel eines solchen Forschens ist es, meine heutigen Handlungen besser zu verstehen: Warum bin ich so, wie ich bin? Sich zu erinnern und vergangene Erfahrungen neu zu interpretieren birgt sehr viel Potenzial für Veränderungen. Denn erkenne ich meine Verhaltens- und Beziehungsmuster, lerne ich, mich besser zu verstehen.

› Durch Verstehen ist Annehmen und Versöhnen möglich, Weiterentwicklung, persönliches Wachstum, Entfaltung der Persönlichkeit. Verstehen lässt eine empathische Haltung zu sich selbst entstehen. Es setzt Kräfte frei, um neue Fähigkeiten zu entdecken und konkrete Möglichkeiten sowie Handlungsperspektiven zu eröffnen.

› Erst durch das Verstehen ist es in einem weiteren Schritt möglich, zu klären, ob man verinnerlichte Regeln und Verhaltensweisen behalten oder ablegen möchte. Meine Großmutter Helmi, die mit uns zusammenwohnte, hatte einen starken Einfluss auf mich. Die Küche war ihr Reich und wenn ich mich dort aufhielt, waren ihre Regeln zu beachten. Eine davon war, die Kartoffeln mit möglichst wenig Abfall zu schälen. Sie hatte diese Regeln, entstanden und praktiziert in Zeiten von Not und Armut, verinnerlicht. Wie sieht es aus, wenn ich mit meinen Kindern heute in der Küche stehe? Ist es sinnvoll, sie auf die Art und Weise zu erziehen, wie ich es von meiner Großmutter gelernt habe? Ich habe irgendwann beschlossen, mich im Umgang mit meinen Kindern nicht mehr von diesen alten Erfahrungen leiten zu lassen. Meine Kinder sollen das Kartoffelschälen ohne die Hinweise lernen, die ich noch von meiner Großmutter im Hinterkopf habe. Ich will den Handlungszwang ablegen, um meinen Kindern die Freude am Kochen zu vermitteln – was meiner Großmutter bei mir nicht gelungen ist. Und doch habe ich ihren Ansatz nicht ganz verworfen: Auch mir ist ein achtsamer Umgang mit Ressourcen wichtig.

› Gerade in Gruppen steht immer die Frage im Raum, ob das, was ein Mensch erlebt hat, einzigartig ist oder die Erfahrung von anderen geteilt wird. Gleichartige Erfahrungen lassen Menschen zusammenwachsen. Welche unserer Erfahrungen sind also einzigartig und was haben wir Eltern einer Generation vielleicht Ähnliches erlebt? Auch diese Frage kann zu neuen Erkenntnissen führen, weil wir dadurch von anderen neue Impulse für unsere „Forschungsarbeit" bekommen können.

› Und wie ist es in der Partnerschaft? Woher kommt mein Partner, woher komme ich? Was ist uns an Erfahrungen gemein, worin unterscheiden wir uns? Und inwiefern spielen Ähnlichkeit oder Unterschied im täglichen Umgang mit Geld innerhalb der Familie eine Rolle? Gibt es typisch weibliche und typisch männliche Erfahrungen?[89]

> Bei dieser Arbeit gilt es, sich Zeit zu nehmen – all das ist nicht von heute auf morgen umzusetzen. Doch oft ist das im Alltag gar nicht möglich: Stehen wir unter Druck, weil ein Konflikt gelöst oder eine Krise überwunden werden soll, ist auch leicht der Blick vernebelt. Zeit und Geduld tun dagegen immer gut, die innere Grundhaltung, sein Tun und Lassen sorgfältig in den Blick zu nehmen.

> Im Zusammenhang mit unserer Geldbiografie stellen sich unter anderem folgende Fragen: Was habe ich für Ziele in Bezug auf Geld? Was habe ich für Ängste? Wie stehe ich zu Risiken und möglichen Gefahren? Wie selbstsicher fühle ich mich in finanziellen Fragen? Wie treffe ich Entscheidungen, allgemeine und finanzielle? Wenn etwas schiefläuft, wen mache ich dafür verantwortlich? Habe ich unterschiedliche, das heißt gute und schlechte Phasen in meinem Leben gehabt und wie bin ich damit umgegangen?

Begeben wir uns auf eine solche „Forschungsreise", alleine, mit unserem Partner oder unseren Kindern, dann kann es natürlich immer sein, dass wir an Punkte stoßen, die im Positiven wie im Negativen an die Grundfesten unserer Persönlichkeit rühren. Allerdings ist es auch möglich, dass diese Arbeit zu vielen neuen Erkenntnissen und wichtigen Anregungen führt. Sie ist gleichzeitig ein Weg, vieler Fragen und Gewohnheiten gewahr zu werden: eine wichtige Voraussetzung, um sie neu einordnen und ändern zu können.

Was können Eltern gemeinsam mit den Kindern tun?
> Das tägliche Zusammensein mit unseren Kindern schafft sehr viele Situationen, die wir für unsere Selbst-

Erforschung nutzen können. In welchen Lebenslagen und -situationen fällt mir auf, dass ich etwas genau so mache wie bereits meine Eltern? Wann verhalte ich mich bewusst oder unbewusst anders als meine Eltern? Wann bin ich meinen Eltern ähnlich, wann nicht?

› Wie waren die vergangenen Jahre mit meinen Kindern? Lässt sich bei ihnen bereits eine bestimmte „Geldpersönlichkeit" erkennen? Neigt mein Kind dazu, alles Geld sofort auszugeben? Oder ist es eher der sparsame Typ und wartet lange, bis es sich zu einem Kauf entschließt?

Erwachsenen-Alltag –
dem Leben über die Schulter schauen

Jeder von uns ist in seinem Alltag gefordert, das Gleichgewicht nicht zu verlieren. Deshalb handeln wir pragmatisch, entwickeln Routinen. Im besten Falle haben wir im Verlauf der Jahre Strategien entwickelt, um flexibel zu bleiben und uns immer wieder auf Veränderungen einzustellen – schließlich ist unsere Welt voll davon. Dabei ist es wichtig, dass wir unsere zeitlichen und materiellen Ressourcen im Blick haben und einschätzen können, welche Wirkung unser Handeln nicht nur heute, sondern auch morgen hat. Zudem gilt es, neben unseren eigenen die Interessen anderer zu berücksichtigen.

Doch wie haben wir all das überhaupt gelernt? Wie haben wir diese notwendigen Alltagskompetenzen ausgebildet? Der Umgang mit Informationen – wie wir sie beschaffen, analysieren und verarbeiten – ist in unserer heutigen Wissenswelt wichtiger als je zuvor. Doch auch die sozialen Kompetenzen sind im Zusammenwirken mit anderen Menschen entscheidend: Können wir uns in andere hineinversetzen, nehmen wir Rücksicht, sind wir in der Lage, unsere Interessen mit denen anderer abzugleichen und Kompromisse zu schließen? Haben wir ausreichend Mut und Vertrauen in unsere Fähigkeiten, sind wir zuversichtlich? Wie bewusst gehen wir mit uns und anderen um? Und wie gut verkraften wir Enttäuschungen und unschöne Momente?

Immer wieder sind wir in unserem Alltag gezwungen, innerhalb fester Strukturen mit wenig Zeit, fehlenden Erfahrungen und vorgegebenen finanziellen Mitteln zu handeln. Setzt uns das unter Druck? Wie treffen wir unsere

Entscheidungen? Sind wir offen für neue Argumente und Sichtweisen oder haben wir bereits feste Überzeugungen, die uns vor zu vielen Veränderungen schützen sollen? Entscheiden müssen wir uns jedenfalls, selbst wenn die Informationen unvollständig, ungewiss oder widersprüchlich sind.

Viele Grundlagen für alle möglichen Entscheidungen im Leben wurden uns von unseren Eltern bewusst vermittelt. Doch wir haben nicht nur auf diese Weise gelernt, sondern unseren Eltern und Großeltern im Alltag auch immer wieder über die Schulter geschaut. Sie waren unsere Vorbilder; von ihnen haben wir Strategien, Einstellungen und Werte gelernt und dabei konkrete Erfahrungen gesammelt. „Im Kern sind jedoch diese Kompetenzen [...] gar nicht lehrbar. Sie sind ‚ablesbar' von Vorbildern; sie sind ‚aufsaugbar' aus Handlungszusammenhängen, an denen Kinder und Jugendliche beteiligt sind."[90]

Das Elternhaus, die Familie ist die erste Bildungsstätte für Kinder. Hier lernen sie, wie man den Alltag und das Leben konkret meistert. „Perfekte" Familien gibt es allerdings nur in Filmen. Im Alltag dagegen wird man mit Problemen, Fehlern, Unsicherheiten, Widersprüchen und Enttäuschungen konfrontiert. Das bedeutet Anstrengung – und gerade in dieser liegt das Potenzial, dass Kinder von uns lernen. Sind wir überfordert, dann sind die Möglichkeiten des Lernens begrenzt. Aber wenn Familien in der Lage sind, ihren Alltag konstruktiv zu bewerkstelligen, nehmen Kinder immer etwas mit, auch wenn wir das vielleicht nicht glauben.[91]

Erwachsenen- und Kinderwelt – getrennte Wege
Lynn, eine 18-jährige Schülerin, erzählt mir zum Thema Geld: „Nee, ich weiß darüber nichts. Von meinen Eltern

kriege ich wenig mit. Die halten mich da völlig raus. Ich soll vor allem ein gutes Abi machen." Darüber ist sie nicht froh. Schöne Momente werden im Elternhaus geteilt und besprochen. Anders ist es aber bei Problemen, Sorgen und Nöten der Eltern, die immer von ihr ferngehalten und ihr sogar verheimlicht werden. Jetzt steht sie kurz vor dem Abitur und fühlt sich von ihren Eltern nicht ernst genommen. „Als ob ich das nicht trotzdem merken würde! Außerdem bin ich kein Kleinkind mehr. Ich würde mir wünschen, dass sie mit mir auch mal über etwas reden, das sie betrifft." Im Moment konzentrieren Lynns Eltern sich darauf, sie beim Abitur zu unterstützen. „Ich habe das Gefühl, dass nur noch meine Prüfungen zählen. Alles andere findet überhaupt nicht statt. Das nervt ganz schön."

Woher kommt die immer üblicher werdende Praxis, Kinder aus den Sorgen des Alltags lieber herauszuhalten? Wollen wir nicht, dass sie zu Hause mithelfen? Wollen wir ihnen „etwas bieten"? Sollen sie – solange sie noch Kinder sind und bei uns wohnen – einfach eine „schöne Kindheit" haben? Beginnt der Ernst des Lebens schließlich nicht noch früh genug? Empfinden wir die Verantwortung, die auf uns lastet, als eine Bürde, sodass wir unseren Kindern – vielleicht unbewusst – wenig davon übertragen? (Könnte aber die Verteilung der Verantwortung auf mehrere Schultern in der Familie nicht für alle Entlastung bringen?) Oder haben wir uns daran gewöhnt, dass die Erwachsenen- und die Kinderwelt heute immer stärker getrennt voneinander existieren?

Wollen wir unsere Kinder vielleicht auf diese Weise als „Gegenleistung" für fehlende Zeit zum Spielen, Kuscheln und für gemeinsame Unternehmungen entlasten? Oder haben wir sogar versucht, sie einzubeziehen, hielten aber ihrem wachsenden Widerstand, ihrem Unwillen oder ihrer geringen Hilfsbereitschaft argumentativ und faktisch nicht stand? Haben unsere Kinder sich schon daran gewöhnt, möglichst wenig an familiären Gemeinschaftsaufgaben zu übernehmen? Und vor allem: Tun wir ihnen mit diesem Verhalten langfristig wirklich etwas „Gutes"? Ist denn der Ernst des Lebens überhaupt immer zwingend negativ?

Konsumalltag – „materieller Abschirmdienst"
Der Alltag von Kindern ist heute in weiten Teilen Konsumalltag. Bereits sehr kleine Kinder fasziniert das Smartphone in den Händen von Mama und Papa. Insgesamt schenken wir unseren technischen Geräten ja viel Zeit und Aufmerksamkeit, egal ob zu Hause, auf dem Spielplatz, beim Spazierengehen oder im Supermarkt. Kinder wachsen heute ganz selbstverständlich damit auf und die Technikausstattung einer jungen Familie nimmt mit dem Alter der Kinder zu. Schon in den letzten 17 Jahren meiner Mutterschaft hat sich diesbezüglich viel verändert – Computerspiele, Game Boy und andere Spielekonsolen, Smartphone, Tablet. Damit verändert sich auch der Alltag von Kindern.

Ihre Erlebnis- und Erfahrungswelten haben sich inzwischen immer stärker in Richtung medialer Beschäftigung verschoben. Das gilt ebenso für ihre Konsumwelt. Überall ist es bunt, leuchtet, blinkt und hupt. Natürlich sollen die Kinder nicht nur hingucken, sondern kaufen – von ihrem Taschengeld oder dem Geld der Eltern. Und so kommt es, dass nicht nur die Kinderzimmer voll mit Spielsachen sind. Allerdings nutzen Kinder und Jugendliche zum Beispiel digitale Technologien nicht nur zur Unterhaltung, sondern auch zum Lernen, zur Informationsbeschaffung und zum Ausleben ihrer – eben einer anderen – Kreativität.

Der Konsumalltag unserer Kinder lässt sich nicht allein dadurch erklären, dass sie seit Jahrzehnten als Konsumenten immer stärker im Visier von Industrie und Handel sind. Wurden Kinder früher zunächst indirekt über die Eltern angesprochen, so ist das Marketing heute direkt, aggressiv und vor allem penetrant. Und es setzt bereits bei Zweijährigen an. Sind wir Opfer dieser werblichen Methoden, bunten Verführungen und falschen Versprechen? Wie kommt das alles zu uns nach Hause? Wünschen wir uns nicht lieber Kinder, die mit Schäufelchen und Eimer stundenlang im Sandkasten spielen, mit einem Apfel statt Gummibärchen zufrieden sind und keine Computerspiele brauchen? Es fällt uns schwer, den „Konsumterror" zu akzeptieren.[92]

Trotzdem bewirkt gerade unser Alltag – die wenige Zeit, die hohe Arbeits- und Aufgabenbelastung, das schlechte Gewissen –, dass wir ihnen doch öfter einmal eine Puppe statt unserer Zeit schenken, einen Kuchen beim Bäcker holen statt ihn zu backen oder die Schuhe mit den Streifen kaufen statt der schlichten blauen. Wir wollen schließlich, dass unsere Kinder sich freuen – und sie freuen sich sogar sehr. Sie haben sich vieles „schon lange gewünscht". Und es tut gut, in ihre leuchtenden Augen zu schauen und in ihr strahlendes Gesicht.

Es heißt, seine Kinder glücklich zu machen rangiere als elterliches Ziel noch vor der Motivation, sie gut zu erziehen, gesund zu ernähren, ihnen eine gute Bildung zu ermöglichen und sie auf das Leben vorzubereiten.[93] Ist genau das unsere schwache Stelle? Egal ob wir lange oder kurz zur Schule gegangen sind, viel oder wenig Geld haben,

Mann oder Frau sind, in der Stadt oder auf dem Land leben, jung oder alt sind – wir wollen, dass unsere Kinder glücklich sind. Deswegen hat uns die Konsumwelt fester im Griff, als wir es im Alltag denken oder wahrhaben wollen.[94] Doch vor den vielen Geschenken und Spielen, die schon nach kurzer Zeit unbeachtet in der Ecke liegen, können wir nicht die Augen verschließen. Und auch nicht davor, dass unsere Kinder immer mehr haben wollen.

Kommen Zweifel an unserem Handeln und am Alltag unserer Kinder auf, gibt es weitere innere Stimmen, die die Arbeit übernehmen: Was ist, wenn mein Kind in der Klasse gehänselt wird, weil es nicht die angesagten Schuhe, den Markenrucksack oder die coole Hose trägt? Plötzlich wird der Konsum zum Sachzwang, weil nur wenige Eltern gemeinsam mit ihren Kindern den Mut oder die Kraft haben, ohne diese „angesagten" Dinge auszukommen, da Zugehörigkeit und Freundschaft sich nicht allein über Kleidung oder Technik finden lassen. Wahrscheinlich müssen auch wir uns eingestehen, dass Statussymbole uns hier und da helfen, die soziale Akzeptanz zu steigern. Wie ist es bei der Auswahl des Reiseziels oder beim Kauf eines Autos? Was ist, wenn Freunde uns besuchen wollen – kaufen wir schnell noch die Markenchips, die Eiskreation des Jahres oder das bekannteste Bier aus der Werbung? Natürlich – und der vollständige Verzicht ist auch nicht zum einzig wünschenswerten Zustand zu erklären: Ab und zu ist dem Statusdenken doch allein schon deshalb nachzugeben, weil die Dynamik der anderen nicht zu beeinflussen ist, erst recht, wenn das eigene Kind eben nicht das größte Selbstbewusstsein hat.

Aber wie oft höre ich Eltern beim Wunsch des Kindes nach Markenschuhen sagen, das sei nicht wichtig?! Wie wäre es, gemeinsam mit dem Kind herauszufinden, was ihm sehr wohl wichtig und unerlässlich ist? Einen Weg zu finden, seine Zugehörigkeit nicht permanent zu untergraben, aber es auch mal bei einem Nein zu stärken, ist nach meinen Erfahrungen eine wichtige elterliche Aufgabe.

Grundsätzlich sind ältere Kinder und Jugendliche anfälliger für die Botschaften und Verheißungen der Werbe- und Konsumgüterindustrie. Mit zunehmendem Alter steht der sogenannte Zusatznutzen im Vordergrund, nicht nur die pragmatische Lösung, etwas anzuziehen, zu trinken oder zu essen zu haben. Wo und von wem etwas gekauft und verbraucht wird, ist dann immer stärker ausschlaggebend. Kinder und Jugendliche orientieren ihre Identität im Alltag daran, was ihnen die Werbeindustrie vorgaukelt: Wir werden attraktiver, erfolgreicher, selbstsicherer, wenn wir bestimmte Produkte kaufen.

*

„Andreas, du arbeitest seit über 15 Jahren in der Werbung. In welchem Alter wird ein Kind erstmals zur sogenannten Zielgruppe?"

„Mit etwa zwei Jahren."

„So früh?"

„Definitiv! Und ich sage gleich zu Beginn: Das Problem ist nicht gelöst, indem man Kindern möglichst lange den Fernseher vorenthält. Im Gegenteil, das kann sogar nach hinten losgehen. Ein erwachsener Mensch wird an einem normalen Arbeitstag mit Werbebotschaften im hohen dreistelligen Bereich konfrontiert. Eher mehr. Für kleine Kinder fallen bestimmte Medien weg, außerdem verstehen sie weniger, solange sie nicht lesen können. Aber darauf stellt die Werbung sich ja ein! Beispiel Verpackungsdesign: Das ist eine echte Wissenschaft. Wenn ein Produkt für

Kinder gedacht ist, dann sieht die Verpackung auch so aus. Und sie liegt im Supermarkt viel tiefer im Regal oder – Stichwort ‚Quengelware' – in Griffhöhe an der Kasse."

„Dagegen gibt es ja mittlerweile Widerstand."

„Aber was bringt das? Würden alle Quengelware-Kassen umstrukturiert, würde der Handel nur müde lächeln. Man kann Werbemechanismen nicht verbieten, man muss vielmehr mit Kindern ins Gespräch kommen! Ich fand Quengelware im Gegenteil immer super, weil sie ein wunderbar konkretes Beispiel für Werbemechanismen ist. Da kann man mit Kindern drüber reden, das ist greifbar, das verstehen sie. Das meiste ist so kompliziert und für den Laien gar nicht sichtbar, das ist für Kinder überhaupt nicht zu verstehen."

„Zum Beispiel?"

„Wie ein Supermarkt aufgebaut ist, wie der Kunde verführt wird, das kann man ja mittlerweile in jeder Zeitschrift nachlesen. Aber Werbung fängt ganz woanders an. Für ein und dieselbe Orangensaft-Qualität kann ich 90 Cent pro Liter ausgeben oder drei Mal so viel. Drei Mal! Und die Leute schlagen zu. Bei Autos ist das ähnlich. Sparversionen haben hinten keine elektrischen Fensterheber. Das ist lächerlich, da reden wir von ein paar Euro. Die Hersteller könnten wahrscheinlich sogar Geld einsparen, wenn sie durchgehend auf die mechanische Variante verzichten würden. Das ist Werbung! Nur merken wir es nicht. Und jetzt sollen wir Erwachsenen unseren Kindern das erklären, das ist zugegebenermaßen schwierig. Denn es ist uns selbst ein Rätsel."

„Klingt ja entmutigend. Was können wir denn tun?"

„Ich gehe in meinen Workshops mit den Eltern die einzelnen Mechanismen durch. Das ist erst mal reine Aufklärung, nix weiter. Und dann schlage ich einen mit Kindern organisierten Einkaufsablauf vor. Wer sich von Kindern beim Einkaufen stressen lässt, ist selbst schuld. Im Gegenteil, schon Vierjährige können echt helfen, dass ein Einkauf schneller abläuft. Dazu muss ich sie aber einbinden. Und was sie dort in der Praxis lernen, hilft ihnen später auch in der Theorie. Werbung kann man weder abschaffen noch kann man ihr aus dem Weg gehen. Wenn ich sie aber verstehe, kann ich ihr souveräner begegnen."

„Aber das kleine Kind, das im Fernsehen einen Kinderwerbespot sieht, das kriege ich doch nicht dahin, dass es von sich aus quasi immun wird."

„Natürlich nicht! Ebenso wenig wie ich noch nie einen Erwachsenen kennengelernt habe, der immun gegen Werbung ist. Aber ist das schlimm? Schlimm ist es, wenn ein Kind mit neun oder zehn Jahren zum ersten Mal mit Werbespots konfrontiert wird. Da entsteht schlagartig ein Bedürfnisstau, der ein Kind vollkommen überfordert. Das sage ich aus der Überzeugung, dass wir in der Werbung sehr genau wissen, wie man Bedürfnisse schon mit einer einzigen Maßnahme erzeugt."

Abschotten, ausklammern, Mäntelchen drum
Wenn manche Eltern könnten, würden sie im Alltag das Thema Geld ganz von ihren Kindern fernhalten. Als Bild stelle ich mir dabei eine Mauer vor, die so hoch ist, dass Kinder lange Zeit zu klein sind, um sie zu überwinden. Dahinter wird eine Menge vor ihnen versteckt: Erinnerungen, tägliche Entscheidungen und viele (ungute) Gefühle. Frage ich nach, erzählen die Eltern, dass sie ihre Kinder schützen wollen. Doch wovor? Geld, Konsum und die aggressiven Werbemethoden nehmen viele als Angriff auf

ihre elterliche Erziehungskompetenz wahr – Wirtschaft und Werbung untergraben immer massiver das, was Eltern grundsätzlich für wichtig und richtig erachten. Das erzeugt ein sehr starkes Gefühl, und das Bedürfnis, seine Kinder zu schützen, wird eine nachvollziehbare Reaktion.

Immer wieder erklären Eltern mir, dass sie derzeit bei sich in der Familie keinen Bedarf für Gespräche zu diesem Thema sehen, vor allem, wenn ihre Kinder noch jung, das heißt noch nicht in der Schule sind. In Kindergärten, Familienzentren oder auf Elternabenden höre ich daher oft: Geld interessiert mein Kind noch nicht. (Zum Glück! Gott sei Dank!) Maja ist doch noch so verspielt. Tom kommt mit wenig aus, der ist so zufrieden mit dem, was er hat. Die Ansprüche wachsen von ganz alleine. Wir sind froh, dass unser Kind noch nicht so ist. Der mit Abstand am häufigsten ausgesprochene Satz ist aber: Das kommt noch früh genug. Ich frage mich dann immer: Würden sie so auch reagieren, wenn es um Ernährungsfragen ginge? Und wenn ihr Kind statt mit dem Kaufmannsladen mit einem Kinderkochbuch zu ihnen käme, würden dieselben Eltern diesen Impuls dann nicht sofort aufgreifen, voller Stolz ihr Kind fördern wollen? Bei Geldthemen werden Kinder im Alltag erstaunlich lange ausgeklammert und sich selbst überlassen – immer in der Annahme, dass fehlende sichtbare Eigeninitiative gleichbedeutend ist mit (gesundem) Desinteresse.

Doch was bedeutet das im Alltag? Eltern halten ihre Kinder fern, fördern (indirekt oder direkt) das Desinteresse und lassen sich bei Geldthemen nicht über die Schulter schauen. Wie viel kostet das Leben? Wie machen die Eltern das mit den Steuern, der Miete oder den Versicherungen? Auch hier bleiben Kinder außen vor. Vielleicht gar nicht immer gewollt – sehr oft einfach gedankenlos. Im Kern geht es darum: Warum lassen wir unsere Kinder so wenig an all dem teilhaben? Ein konkreter Kontoauszug kann ein Kind natürlich auch überfordern – das wäre falsch. Aber oft würde ihm schon das Wissen helfen, dass es so etwas wie einen Kontoauszug überhaupt gibt und was er zu bedeuten hat.

Wie und warum treffen wir Geld-Entscheidungen? Nach welchen Kriterien und mit welchen Überlegungen entscheiden wir uns für oder gegen eine Sache? Welche Auswirkungen hat es auf unser Portemonnaie, wenn wir dieses oder jenes tun? Was bekommen wir für unser Geld? Stimmt das Preis-Leistungs-Verhältnis? Worin besteht überhaupt die „Leistung"? Ist sie nicht oft nur ein „gutes Gefühl"? Aber ist das nicht manchmal auch ganz schön? Was sagen unsere Erfahrungen? Haben wir bisher gute Erfahrungen gemacht? Welche moralischen Vorstellungen haben wir? Wie investieren wir? Wo kaufen wir ein? Welche Konsequenzen haben unsere Einkäufe?

Erfahrungen sammeln!
Dazu müssen wir zunächst einmal die Aufmerksamkeit auf unseren Alltag richten. Wie sieht er aus? Sind wir damit zufrieden oder wünschen wir uns mehr Zeit, Begegnung und gemeinsame Erlebnisse mit unseren Kindern, jenseits von Vergnügungsparks, Fast-Food-Restaurants und Spielplätzen, also mit mehr Raum für „Alltäglichkeiten"? Was kriegen unsere Kinder von unserem Alltag, seinen Aufgaben und Herausforderungen, unseren Aktivitäten, Strategien, Erfolgen und Misserfolgen, insbesondere beim Thema Geld, Konsum und Alltagsorganisation, mit? Und was kriegen wir vom Alltag unserer Kinder mit?

Was können Eltern für sich tun?
Am Anfang stehen auch hier Fragen, deren Antworten uns helfen können, herauszufinden, wie wir bewusst oder unbewusst handeln, denken und fühlen:

- Welches Lebens- und Alltagsmodell wollen wir unseren Kindern gern vermitteln?
- Welche Vorstellungen haben wir von einem „perfekten" Alltag mit und ohne Kinder?
- Wie sieht dagegen der reale Familienalltag aus?
- Wo sind die Lebensbereiche von Kindern und Eltern getrennt, wo sind sie vereint?
- Wie geht es uns in unserem Alltag? Sind wir zufrieden, gestresst, vielleicht sogar überfordert?
- Was möchten wir an unserem Alltag ändern? Wer oder was könnte uns dabei helfen?
- Schirmen wir unsere Kinder vor unserem Alltag und vor allem den Alltagssorgen ab? In welchen Bereichen und in welchem Umfang? Was steckt dahinter?
- Versuchen wir unbewusst, bestimmten Situationen, Erlebnissen oder Konflikten aus dem Weg zu gehen? Handelt es sich dabei vor allem um negative Erfahrungen, die unsere Kinder im Alltag machen könnten?
- In welchen Bereichen könnten wir sie stärker in unseren Alltag miteinbeziehen?
- Welche Erfahrungen machen wir, wenn wir sie offener in bestimmte Dinge miteinbeziehen?
- Welche Kompetenzen sind uns wichtig? Wann, wo und wie könnten wir unsere Kinder im gemeinsamen Alltag diesbezüglich fördern? Welche Alltagssituationen und ersten kleinen Schritte fallen uns spontan dazu ein?

Was können Eltern gemeinsam mit den Kindern tun?
Alltag mit Kindern heißt, viele Dinge gleichzeitig zu erledigen. Gut wäre es, sich immer mal wieder zu sagen, dass Kinder aus dem Alltag eine Menge Erfahrungen mitnehmen, die für ihr späteres Leben nützlich sind. Solange wir es schaffen, unseren Alltag konstruktiv zu meistern, lernen unsere Kinder. Gut wäre auch, sie an dem teilhaben zu lassen, was wir tun und denken. Dabei geht es darum, bestimmte Teile des Lebens für sie sichtbar zu machen – angefangen beim Geld bis hin zu den Dingen, die sich in unserem Kopf und unserem Herzen abspielen: unsere Gedanken, Gefühle und Überzeugungen. Denn sie bilden die Grundlage für unsere Entscheidungen. Und natürlich stellen wir mit dem Sichtbarmachen auch die Richtigkeit und Angemessenheit dieser Entscheidungen zur Diskussion.

Für Kinder ist es gut, wenn wir Eltern
› hingucken und aufmerksam sind,
› nichts verschweigen und ehrlich sind,
› uns Zeit nehmen, auch für Alltägliches,
› sie teilhaben lassen,
› sie zugucken lassen,
› nachdenken,
› sprechen, wo etwas nicht sichtbar ist.

Gefühle – was meldet sich denn da zu Wort?

Gefühle sind der individuelle, sehr persönliche Ausdruck dessen, was wir in einer Situation empfinden. Wir spüren Regungen, die positiv oder negativ sind. Unsere Gefühle geben Auskunft darüber, wie es uns geht, was uns wichtig ist und was wir nicht wollen. Sie steuern unser Wohlbefinden und unser Handeln.

Aber woher kommen Gefühle und wer oder was ist für sie verantwortlich? Ist es unsere Familie, mit der wir zum Beispiel einen schönen Tag am See verbringen? Ist es ein Freund, mit dem wir uns streiten? Ist es der Verlust eines Schlüsselbundes oder das interessante Gespräch mit einer Arbeitskollegin?[95]

Normalerweise funktioniert es so: Wir befinden uns in einer Situation und sehen Menschen, hören ihnen zu oder sprechen mit ihnen. Wie erleben wir die Situation? Stimmt sie mit unseren vorherigen Erwartungen oder Wünschen überein oder weicht sie davon ab? Gefällt uns das? Wie bewerten wir die Situation: positiv, negativ oder eher neutral? Die Gedanken, die wir uns machen, lösen unsere Gefühle aus. Wir ärgern oder freuen uns, sind traurig oder froh, ängstlich oder mutig – alles ist möglich, je nachdem, wie wir die Situation zuvor eingeschätzt haben. Und abhängig von dem jeweiligen Gefühl setzen unsere Handlungen ein. Verlassen wir wütend den Raum? Erheben wir unser Glas oder fangen an zu weinen?

Manchmal sind Menschen der Ansicht, andere trügen die Verantwortung für ihre eigenen Gefühle. Schließlich hat uns der Freund eine halbe Stunde warten lassen oder die Tochter mit den herumliegenden Klamotten zur Weißglut gebracht. Hatten wir nicht schon hundertmal gesagt, dass wir das nicht mögen?

Wo haben wir uns diesen Mechanismus abgeguckt? Leider sind nur wir für unsere Gefühle verantwortlich, auch wenn wir das in vielen Situationen nicht wahrhaben wollen. Wir selbst haben entscheidenden Einfluss darauf, wie wir eine Situation bewerten, uns fühlen und schließlich handeln. Also muss man eigentlich sagen: Zum Glück sind nur wir für unsere Gefühle verantwortlich.

Wie oft kommt es vor, dass jemand ganz anders reagiert als wir? Nicht wütend wird, sondern ruhig bleibt? Oder wir selbst bemerken, dass wir an einem Tag so und an einem anderen Tag ganz anders reagieren? Wie wir fühlen, denken und handeln, ist nicht angeboren. Wir haben im Verlaufe der Jahrzehnte viele Erfahrungen in uns abgespeichert. Nicht immer ist uns dies bewusst. Doch gerade unsere Erfahrungen und die erlernten Einstellungen beeinflussen unser Fühlen, Denken und Handeln in entscheidendem Maße.

Daher liegt es an uns, wie wir uns fühlen. Und gerade die negativen Gefühle – die, die uns belasten – können wir verändern. Doch wie? Wie können wir lernen, anders zu denken, unsere Gefühle zu steuern? Schließlich nehmen wir in Sekundenschnelle Beurteilungen vor. Es ist nicht einfach, seine Einstellungen und das, was in unserem Unterbewusstsein abgespeichert ist, zu kontrollieren und gegebenenfalls zu korrigieren.

Gefühle leben lernen

Wie gehen wir mit uns und unseren Gefühlen um? Können wir in Worte fassen, wie wir uns fühlen und warum? Jeder von uns kennt Menschen, die dazu besser oder schlechter in der Lage sind. Manche können ihre Gefühle gut zum Ausdruck bringen und anderen zeigen. Andere wiederum verstecken ihre Gefühle hinter einer Art Maske, sprechen nur wenig darüber und zeigen sich auch sonst eher zugeknöpft.

Unsere Gefühle verraten eine Menge über uns. Jeder hat „seine" Gefühle, sie sind individuell und sehr persönlich. Sie finden tief in unserem Innersten statt und lassen sich dennoch nicht immer ganz verstecken. Wir können darüber sprechen und manchmal zeigen wir ohne Worte – bewusst oder unbewusst –, wie es uns geht.

Doch wie deuten wir selbst unsere Gefühle und wie nehmen andere sie wahr? Gelingt es anderen, einfühlsam mit uns und unseren Empfindungen umzugehen? Werden wir in den Arm genommen, wenn wir traurig sind, oder schimpft man mit uns, weil wir selbst ärgerlich geworden sind? Fühlen wir uns verstanden? Oder liegen andere völlig falsch und wir weisen ihre Worte zurück? Wie gut achten wir auf uns und unsere Gefühle? Haben wir gelernt, darüber zu sprechen? Nehmen wir unsere Empfindungen ernst? Oder versuchen wir einfach über manche Gefühle hinwegzugehen? Unterdrücken wir sie? Schaffen wir es, Gefühle im Alltag zuzulassen? Haben wir gelernt, Gefühle mit anderen zu teilen und an ihrer Veränderbarkeit zu arbeiten? Oder nehmen wir sie, wie sie sind? Können wir mit unseren Gefühlen konstruktiv umgehen? Wie lernen Menschen überhaupt den Umgang mit Gefühlen?

Der bewusste Umgang mit Gefühlen ist eine Kompetenz, die man erlernen kann. Nicht immer bekommen Kinder dies im Elternhaus vermittelt. Stattdessen haben uns unsere Eltern immer mal wieder das Gefühl gegeben, dass wir sie wütend oder traurig gemacht oder gar enttäuscht haben. Es ist leider üblich, dass Menschen anderen die „Schuld" an ihren Gefühlen geben. Und Eltern sind auch nur Menschen. Doch wir müssen die Verantwortung selbst übernehmen – und dies unseren Kindern vorleben.

Um den Umgang mit Gefühlen zu erlernen, ist es entscheidend, ob Kindern zugestanden wird, ihre eigenen Gefühle zuzulassen.[96] In einem zweiten Schritt müssen sie lernen, sie zu benennen und auszudrücken. Fällt dies bei den positiven noch recht leicht, ist es bei den negativen Gefühlen schon komplizierter. Noch schwieriger ist es, wenn die Gefühle der Kinder nicht mit denen der Eltern übereinstimmen. In dieser „Konkurrenz" können Kinder sehr schnell verlieren – und ihre eigenen Gefühle als zweitrangig empfinden.

Im Verlaufe unseres Lebens haben wir gelernt, unsere Gefühle besser zu kontrollieren. Wir verhalten uns in der Regel nicht mehr so impulsiv und „dramatisch" wie kleine Kinder. Als Erwachsene wissen wir bereits, dass sich Situationen und auch Gefühle verändern, dass negative Gefühle auch einfach mal auszuhalten sind. Kinder brauchen unsere Hilfe, um genau dies zu lernen. Das funktioniert aber sicherlich nicht, indem wir ihnen davon erzählen. Es geht eben nichts über die eigenen Erfahrungen.

Ein elementarer Baustein unserer Gefühle ist die Wahrnehmung. In der Regel läuft es so ab: Was zu unseren Annahmen passt, wird aufgenommen, alles andere herausgefiltert. Was wir sehen, ist nur ein Ausschnitt der Realität, nämlich unsere. Beispielsweise gefällt uns die Arbeit, dem Kollegen aber nicht. Wir nehmen die Arbeitssituation unterschiedlich wahr und haben diesbezüglich verschiedene Gefühle entwickelt. Unser Gehirn richtet sich nach unserem Denken. Ein anderes Beispiel: Wenn wir erwarten, keinen Erfolg mit unserer Bewerbung zu haben, dann stehen die Chancen gut, dass genau das eintritt. Man spricht in diesem Fall von einer „selbsterfüllenden Prophezeiung". Und das Schlimmste ist: Es frustriert uns noch mehr.

Wenn wir negative Gefühle haben, dann ist vermutlich auch unser Handlungsspielraum kleiner, als wenn wir positiv und mit hoher Motivation an eine Sache herangehen. Bei Stress und Sorgen ist unsere Wahrnehmung eben eingeschränkt und unser Verhalten wird vielleicht auch widersprüchlicher und weniger erfolgreich. Die Situation wird immer unbefriedigender.

Unser Gehirn konzentriert sich eher auf problematische Situationen als auf positive Erlebnisse. Das hört sich blöd an, hat aber einfach mit der Überlebensstrategie des Menschen zu tun: Auf Gefahren müssen wir unmittelbar reagieren. Unsere Gefühle helfen uns dabei, indem wir eine Situation einschätzen. Zorn lässt uns angriffslustiger werden. Positive Gefühle sorgen dagegen für Entspannung und Kreativität.[97] Ziel ist es daher, gute und sichere Gefühle anzustreben sowie negative und gefährliche Gefühle zu vermeiden.[98] Beide Arten von Gefühlen haben aber ihre Berechtigung: Negative sind für unser Überleben wichtig, positive fürs langfristige Lernen.

Geld und Gefühle – keine Liebesbeziehung

Was löst das Wort „Geld" bei uns aus? Was ist Geld für uns? Und wie geht es uns, wenn wir über Geld sprechen, es in den Händen halten und täglich damit zu tun haben? Eltern und Pädagogen, mit denen ich arbeite, lassen immer wieder durchblicken, dass ihre Geldgefühle nicht nur positiv sind, ganz im Gegenteil. Viele erzählen von ihrem eher distanzierten und negativen Grundgefühl. Eine Umfrage aus dem Jahr 2004 bestätigt das: Zwei Drittel der Deutschen haben ein eher negatives Verhältnis zum Geld.[99] Es erzeugt Abwehr, Sorge, Frust, Enttäuschung, Misstrauen, Neid, Überforderung, Skepsis oder Unzufriedenheit. Die Erfahrungen und Gefühle sind so vielfältig, wie es Menschen und ihre Geschichten gibt. Doch woher kommen diese Gefühle? Warum geht nur etwa ein Fünftel der Deutschen mit Interesse und Spaß an die privaten Finanzen heran?[116]

Eine wichtige Grundkonstellation ist zunächst die Geldsituation, in der wir uns befinden. Leiden wir unter Geldmangel, haben wir zu wenig, bekommen wir vielleicht sogar staatliche Unterstützung? Und wie geht es uns damit? Fühlen wir uns arm, aber frei – wie manche Azubis oder Studierenden, die froh sind, erstmalig ihr eigenes Leben zu führen? Oder leiden wir unter der Situation, weil wir kaum mit dem zurechtkommen, was uns und unseren Kindern zur Verfügung steht? Brauchen wir einen Zweitjob, um über die Runden zu kommen? Falls wir arbeitslos sind – fehlt uns neben den regelmäßigen Lohnzahlungen auch die Anerkennung für unsere Arbeit und der Kontakt zu anderen Menschen? Schämen wir uns vielleicht sogar, weil es anderen besser geht? Wen machen wir für die Situation verantwortlich?

Wenn unsere Gedanken auf Knappheit ausgerichtet sind, dann führt dies automatisch zu negativen Gefühlen. Und das Selbstwertgefühl sinkt, wenn wir es ans Geld gekoppelt haben.

Wie ist es dagegen mit denen, die mit ihrer finanziellen Lage zufrieden sind? Viele Menschen kümmern sich trotzdem ungern um alles, was mit Geld zu tun hat – und ein Garant für Glück ist finanzielle Unabhängigkeit auch nicht.

Beeinflusst unsere finanzielle Situation eigentlich unsere Einstellung zum Geld oder ist es umgekehrt: Ist unsere Finanzsituation manchmal vielleicht sogar das Ergebnis unserer Grundhaltung und unserer negativen Gefühle? Wie bewerten wir unseren täglichen Umgang mit Geld? Wie gerne gehen wir mit Geld um? Ist es anstrengend, lästig, unangenehm und überhaupt nicht das, womit wir uns beschäftigen wollen? Tun wir es, weil es vernünftig ist und wir es müssen, aber ohne Interesse und Leidenschaft?

Menschen reagieren auf das Thema Geld häufig mit Distanz. Es beschwört viele – zum Teil auch unbewusste – Reaktionen herauf. Und wir wissen: In der Geldwelt zählt nicht unser Charakter, sondern die Höhe unseres Vermögens. Liebe und Geld scheinen sogar völlig unvereinbar.[101]

Die Folgen unserer negativen Gefühle
Wenn Geld und alles, was damit zu tun hat, negative Gefühle bei uns auslöst, dann hat das Auswirkungen auf unser grundsätzliches Verhältnis zum Geld. Denn diese Gefühle beeinflussen unsere Geldentscheidungen. Ganz oft benötigen wir im Alltag aber Ruhe und Gelassenheit, um Optionen, Risiken und Konsequenzen unseres Handelns zu durchdenken. Stehen wir einer Sache mit Abneigung gegenüber, werden wir in konkreten Entscheidungssituationen nicht besonnen vorgehen. Sind wir traurig, enttäuscht oder frustriert, neigen wir häufig zu Konsumaktivitäten, um diesen Zustand – mehr oder weniger bewusst – zu kompensieren. Vielleicht geben wir viel mehr Geld aus, als gut ist oder wir zur Verfügung haben.

Auch sind wir, wenn wir uns nicht gut fühlen, weniger aufgeschlossen, was neue Situationen und Entscheidungen angeht. Wir agieren in der Regel ängstlicher. Gleichzeitig nehmen wir unsere Gestaltungsspielräume eingeschränkter wahr. Denn wir trauen uns weniger zu, haben häufig „einfach keine Lust" oder sind auf eine andere Art desinteressiert und passiv. Oft machen wir dann nur das Nötigste, schlagen uns irgendwie durch.

Menschen hingegen, die Spaß und Interesse am Thema Geld mitbringen, fällt grundsätzlich mehr ein. Sie probieren aus und schauen über den Tellerrand, selbst wenn sie mit Rückschlägen rechnen. Sie schaffen es, immer mal wieder einen gewissen (emotionalen) Abstand zu ihrem Tun herzustellen, denn Impulsivität befördert nun mal den Kontrollverlust. Unter Kontrolle hingegen sind wir uns vieler Risiken bewusst – ein wichtiges Element beim Umgang mit Geld.

Eine der wichtigsten Folgen negativer Gefühle in Bezug auf Geld allerdings ist, dass bereits Kinder einen großen Teil der elterlichen Gefühlswelt aufsaugen und verinnerlichen. Sie spüren sehr genau, welche Gefühle und Haltungen hinter unserem täglichen Tun und unseren Entscheidungen stehen. Wir können ihnen über längere Zeit nichts vormachen.

Geld-Phrasen
Schon seit Generationen sind Sätze im Umlauf, die das elterliche Repertoire an Sprüchen und Weisheiten im Alltag „bereichern" – gerade im Umgang mit Geld, Gefühlen und Einstellungen. „Das können wir uns nicht leisten" ist einer davon; er kommt heute nach wie vor zum Einsatz. Ehrlicherweise heißt es in den meisten Fällen: „Das möchten wir dir nicht kaufen." Die Gründe dafür können vielfältig sein: Vielleicht ist wirklich nicht viel Geld in der Haushaltskasse und die Familie muss sparsam sein. Dann dür-

fen Kinder das wissen! Aber ganz oft ist es nicht das „Können", sondern das „Wollen". Objektive Gründe werden vorgeschoben, obwohl subjektive dominieren. Wir finden eine Anschaffung unnötig, sehen keinen oder nur einen geringen Bedarf dafür, wollen Flagge zeigen, weil wir schließlich nicht jeden Wunsch unseres Kindes erfüllen wollen oder können.

Wie wäre es zur Abwechslung mal mit der Wahrheit? Oder wenigstens mit dem Aufzeigen der Möglichkeit, dass sich das Kind diesen Wunsch selbst erfüllt, indem es sein Taschengeld nutzt, längere Zeit spart oder – falls es alt genug ist – mit einem Schülerjob zusätzliches Geld verdient? Eine Option könnte auch sein, die Großeltern oder andere Verwandte zu bitten, am Geburtstag zusammenzulegen, um dem Kind seinen Wunsch zu erfüllen. Darauf kann es selbst kommen, wenn der entsprechende Freiraum zur Entfaltung da ist. Doch die Ängste vieler Eltern sind heutzutage riesig: Mein Kind wird maßlos, will immer mehr, kennt keine Grenzen. Aber das sind „nur" Ängste. Ihnen gegenüber stehen echte Erfahrungen von Kindern, die selbst merken, dass sich ein Wunsch manchmal wie ein großes Bedürfnis anfühlt, nach kurzer Zeit allerdings wieder verschwindet.

Für Kinder ist es ebenfalls wichtig, Erfahrungen von Selbstwirksamkeit – dass ich das, was ich erreichen will, selbst beeinflussen kann – zu machen und eigene Handlungsspielräume kennenzulernen. An die Stelle von Passivität, Beschämung und Enttäuschung treten Aktivität, Freude und Stolz, wenn etwas gelungen ist.

Neben dem Satz „Das können wir uns nicht leisten" verfügen Eltern über ein scheinbar unendliches Repertoire an Sprüchen, die beschämen, vorführen, unter Druck setzen oder ausgrenzen. Sie sind davon überzeugt, ihre Kinder auf diese Weise davon abzuhalten, über die Stränge zu schlagen, gierig zu sein und zu viel zu wollen.

Du weißt nie, wann Schluss ist. Du kannst den Hals nicht vollkriegen. Irgendwann ist mal gut. Das gehört sich nicht. Nimm dich zusammen! Du wirst schon sehen, was du davon hast. Das tut man nicht. Sei doch mal vernünftig! Da hast du dir ja wieder was angewöhnt. Du bist dick genug. Guck dir mal die anderen Kinder an. Was sollen bloß die anderen denken? Muss das sein? Wenn du so weitermachst ... Iss nicht so viel! Das war das letzte Mal. Muss ich erst mit dir schimpfen? Was soll denn das? Daran solltest du dir mal ein Beispiel nehmen. Wenn du nur einmal machen würdest, was ich dir sage. Jetzt reicht es mir aber bald mit dir. Reiß dich zusammen! Wie oft muss ich dir das noch sagen? Was erlaubst du dir? Musst du immer das letzte Wort haben? Hör auf damit! Kannst du dich nicht beherrschen? Ich warne dich. Das will ich nicht noch mal erleben. So weit kommt es noch. Von dir hätte ich mehr Vernunft erwartet. Finger weg! Ich will doch nur dein Bestes. Jetzt ist aber Schluss hier. Muss ich dir alles dreimal sagen? Weil ich das sage![102]

Lernen Kinder auf diese Weise sich selbst und damit auch die Grenzen des eigenen Tuns kennen? Kann man sie so tatsächlich von Maßlosigkeit und unkontrolliertem Konsum abhalten? Können sie echte Überzeugungen und Gewohnheiten ausbilden? Und was ist mit Verboten, die besser nicht überschritten werden sollten? Sobald sich die Möglichkeit ergibt, werden Kinder das Verbotene doch trotzdem tun.

Sicherlich gibt es heute noch unterschiedliche Herangehensweisen: Manche Eltern setzen auf Eigenverantwortung und Übung, andere stärker auf (vermeintlichen) Schutz und Kontrolle. Insgesamt scheint es aber ein großes Repertoire an „gesellschaftlich anerkannten Regeln" zu geben, die einen negativen Unterton haben, etwa: Geld verdirbt den Charakter, über Geld spricht man nicht. Dazu kommt, dass mit Geld auch eine Menge an privaten Erfahrungen verknüpft ist: Macht, Ohnmacht, Entscheidungskompetenz, Verteilungsfragen, unterschiedliche Bedürfnisse in der Familie, nicht immer ein respektvoller, achtsamer Umgang. Über Geld wird in vielen Familien häufig und heftig gestritten. Was bekommen Kinder davon mit und was bewirken die Konflikte in Bezug auf ihr Verhältnis zu Geld?

Aus dem Leben: Karin
Als Karin Ende der 1960er-Jahre zur Welt kommt, studiert ihr Vater noch. Die Eltern sind Anfang 20, als sie sich kennenlernen und heiraten. Doch die Ehe hält nicht sehr lange. Bereits mit der Geburt der jüngsten Schwester Mitte der 1970er-Jahre kommt es zur Krise und daraufhin zur Trennung. Die Jahre sind jetzt geprägt von den Streitigkeiten der Eltern über den Unterhalt der drei Kinder. Karins Vater arbeitet mittlerweile selbstständig und will die Zahlungen gering halten.

„Es gab ganz, ganz schlimme Geldauseinandersetzungen zwischen meinen Eltern. Die gehören wirklich zu meinen Kindheitstraumata. Sie haben immer über den anderen gesprochen, irgendwann überhaupt nicht mehr miteinander. Meine Mutter hat meinen Vater sogar verklagt, und zwar in unserem Namen. Wir waren noch minderjährig und sie hat uns das nicht erzählt. Unser Vater sagte dazu, es sei der schwärzeste Tag in seinem Leben gewesen. Das kann ich verstehen. Plötzlich stand da schriftlich, seine drei Kinder klagen ihn an. Solche Sachen sind zwischen den beiden gelaufen. Mein Vater hat dann mit seiner zweiten Frau über meine Mutter hergezogen. Sie sprachen darüber, wie sie das Geld herausschleudert. Meine Mutter hat sich da viele Jahre sehr korrekt verhalten, aber später, als ich 17 oder 18 Jahre alt war, doch viele Details, Verletzungen und Enttäuschungen erzählt, gegen die sie mich abschirmte, als ich noch kleiner war. Der Umgang mit Geld bei meinen Eltern zeigte, dass sie einen unterschiedlichen Zugang zum Leben hatten. Um ehrlich zu sein, mir ist die Sache mit dem Geld bis heute zutiefst zuwider. Ich merke es körperlich. Ich kann bestimmte Details noch nicht mal benennen, weil ich immer versuche, sie von mir fernzuhalten. Aber wenn ich mit meiner Steuerberaterin telefonieren muss, kriege ich die Oberkrise."

Der Umgang mit negativen Gefühlen
Heute ist häufiger zu beobachten, dass Eltern Schwierigkeiten haben, ihren Kindern einen konstruktiven Umgang mit negativen Gefühlen zu vermitteln. Das wirkt sich unter anderem auf ihre erlernte Beziehung zum Geld aus. Auch der Umgang mit starken Gefühlen wie Neid und Gier fällt vielen Menschen schwer.

Vermutlich ist es schon immer so gewesen: Negative Gefühle sind nicht schön und bekommen deshalb nicht immer ihren Platz. Instinktiv versuchen Menschen, sie abzuschwächen, schönzureden oder zu verdrängen. Trotzdem gibt es sie. Wie geht man zum Beispiel mit einem traurigen Kind um, das vielleicht etwas verloren hat, dem ein Spielzeug kaputtgegangen ist oder das in der Schule zurückstecken musste? Selbstverständlich sehen wir es lieber, wenn unsere Kinder froh und glücklich sind. Und daher darf nicht sein, was aber da ist. Statt sich dem Kind empathisch zuzuwenden, um seinen Schmerz zu fühlen, wenden wir uns ab mit dem Ziel, seine Traurigkeit zu überwinden. Und so kommt es, dass übereilt Gegenstände ersetzt oder der Verlust wenigstens mit Schokolade versüßt wird.

Ganz oft sind es aber unsere elterlichen Gefühle, die wir mit Konsum besänftigen wollen. Haben wir uns verspätet oder etwas nicht geschafft? Sind wir in Sorge, weil wir so viel arbeiten müssen? Sind es nicht häufig unser schlechtes Gewissen und unsere Schuldgefühle, die uns zu kleineren und größeren Geschenken oder Einkäufen verleiten? Und selbst wenn Kinder bereits ihr eigenes Geld besitzen, greifen Eltern aus Angst vor der großen Palette an negativen Gefühlen ein: Sie nehmen die Frustration vorweg, die das Kind vielleicht erfährt, wenn hinter dem billigen Spielzeug eine Enttäuschung, hinter den Süßigkeiten ein „Schmeckt mir nicht" droht.

Wie gehen wir Erwachsenen mit negativen Gefühlen um? Wenn wir mit unseren Kindern offen und altersgerecht darüber sprechen, lernen sie bereits früh, dass auch diese Gefühle zum Leben gehören.

Kinder, Neid und ihre Strategien
Ich spreche mit Kindern über Neid und den Umgang mit diesem starken Gefühl. Besonders ist mir ein Tag in Berlin-Lichtenberg in Erinnerung, an dem ich die Katholische Schule St. Mauritius besuche, eine kleine Schule unweit der Frankfurter Allee mit einem engagierten Schulleiter. Dort empfangen mich die Kinder der 5. und 6. Klasse. Klar kennen sie das Gefühl, neidisch zu sein. Oft sind es die Geschwister, auf die sie gucken: Bekommen die mehr?

Bekommen die häufiger? Bekommen die leichter, das heißt ohne größeren Aufwand etwas geschenkt oder gekauft?

Xenia findet, dass ihre kleine Schwester sich öfter etwas aussuchen darf, wenn die Familie unterwegs ist. Für sie heißt es dann, vernünftig zu sein. Denn Xenia weiß und versteht schon, dass sie nicht immer alles haben kann. Ihre kleine Schwester ist aber erst vier.

Nele wiederum hat eine große Schwester und Nele meint, dass die es ist, die meistens das bekommt, was sie will. „Ich fühle mich etwas doof, denn wenn ich was will, dann sagen meine Eltern meistens, es sei zu teuer, und wenn meine Schwester was will, dann kriegt sie es fast immer."

Ist das wirklich so? Verhalten sich Eltern ungerecht? Werden Geschwister bevorzugt? Auch darüber sprechen wir.

Moritz erzählt von seinem kleinen Bruder, der nach seinem Gefühl mehr Spielzeug bekommt als er.

Also frage ich nach: „Was glaubst du, Moritz, denkt wiederum dein Bruder, du bekommst mehr?"

Moritz überlegt nicht lange, er weiß es: „Ja, wir denken beide, der jeweils andere bekommt mehr von unseren Eltern."

Ich frage weiter: „Hast du grundsätzlich das Gefühl, ungerecht behandelt zu werden, oder geht es dir um einzelne Situationen, in denen du mal leer ausgehst?"

Moritz' Antwort: „Ja, mal kriegt er mehr, mal ich."

Aber so ist das Leben. Welchen Sinn hat es, allen Kindern zur selben Zeit zum Beispiel Strümpfe zu kaufen? Reden Eltern über so etwas? Und verstehen Kinder das wirklich nicht?

Die Vergleichbarkeit, die Transparenz ist nicht gegeben. Denn welche Mutter oder welcher Vater nimmt einen bestimmten Betrag, den sie oder er monatlich für jedes Kind ausgibt, und schaut auf jeden Cent, um ihn gerecht zu verteilen? Wir haben als Eltern einfach das Gefühl, dass es grundsätzlich schon hinkommt, alle Kinder gleichermaßen zu bedenken. Denn nicht jede Ausgabe gleicht sich unmittelbar aus. Manchmal liegen Jahre dazwischen. Allerdings aufgepasst, Kinder schauen ganz genau hin: „Meine zwei Brüder haben mit neun ihr erstes Handy bekommen, ich erst mit zehn."

Nicht nur die neusten Gehirnforschungen zeigen, dass sich Menschen bezogen auf ihre Erinnerungen schwer täuschen können. Und wenn ich von eben diesen Kindern höre, wie sie im Alltag versuchen, ihre Eltern um den Finger zu wickeln, dann ist Vorsicht geboten, sich auf die eine oder andere Seite zu schlagen.

„Wie bringt ihr eure Eltern dazu, das zu kaufen, was ihr gerne hättet, wenn ihr neidisch seid?"

Beliebtester und wirksamster Satz aus Kindersicht: „Alle haben das."

„Und haben alle das?"

„Nö, aber das wissen meine Eltern ja nicht."

Oksana gibt sogar zu: „Ich mache das immer so, dass ich sage, die und die hat das auch in meiner Klasse, und dann stimmt das gar nicht. Ich behaupte das einfach."

„Und was stellt ihr sonst noch so an, um das zu bekommen, was ihr wollt?"

Bei Pia aus der 6. Klasse kann man schon von einer ausgefeilten Strategie sprechen, die sie anwendet: „Meistens schenke ich meiner Mutter irgendwas. Dann frage ich sie zum ersten Mal, da sagt sie meistens noch Nein. Dann mache ich noch irgendwas, zum Beispiel koche ich für sie. Dann frage ich noch mal und bettle noch ein bisschen. Irgendwann kommt dann ihr Ja."

„Und was hast du auf diese Art bekommen?"

„Mein erstes richtiges Handy."

Natürlich freuen sich die Kinder über jeden Sieg. Doch dann überlegen wir zusammen, wie sie damit umgehen, wenn ihre Versuche keinen Erfolg haben. Denn allen ist bewusst, dass es diese Momente in ihrem Leben gibt und geben wird.

Nele erzählt von ihren eigenen Sachen, mit denen sie sich in solchen Momenten beschäftigt. Sie sagt: „Ich bin dann nicht mehr so neidisch, weil ich mich über meine eigenen Sachen freue." Wenn es dann noch etwas ist, was ihre Schwester nicht hat, umso besser. Nicht selten schaffen es die beiden, über die Situation zu sprechen. Ihr tut es gut, wenn ihre Schwester ihr Trost spendet. Sie erinnert Nele ab und zu daran, dass sie viele schöne Sachen hat. „Darüber kannst du doch froh sein", sagt die Schwester manchmal. Und das findet Nele dann auch.

Felix wiederum weiß, dass er in solchen Momenten schon recht sauer werden kann. Aber manchmal gibt es für ihn auch einen zweiten Weg: „Ich rede mit meinen Eltern. Wenn die sagen: ‚Nein, das ist zu teuer', oder: ‚Du kannst da nicht mit umgehen und du brauchst ja erst einmal noch kein Handy', dann schließe ich mit ihnen einen Handel. Ich sage: ‚Okay, dann kriege ich erst nächstes Jahr ein Handy. Aber wenn ich dann in die 6. Klasse komme und es sind Ferien, dann suche ich mir ein Handy aus, das ich gerne haben möchte.'" In diesem Fall hatte sein Vorgehen Erfolg.

Julia hat noch eine andere Idee: „Ich wünsche mir dann viele Sachen einfach zum Geburtstag oder zu Weihnachten, wenn ich die nicht einfach mal so zwischendurch bekomme."

Neid in der Werbung

„Andreas, wie setzt Werbung bewusst auf Gefühle wie Neid? Welche Rolle spielt der Vergleich?"

„Das, was der hat, will ich haben – ein Lied vom Grips-Theater aus meiner Kindheit. Genau darum geht's: Mit diesem Kaugummi hast du mehr Erfolg, mit diesem Erfrischungsgetränk die cooleren Freunde, und mit diesem Shampoo bekomme ich so unfassbar tolles Haar – auch wenn ich eine Kurzhaarfrisur habe. Hat jemand also so was? Will ich auch haben!"

„Um das Produkt geht es dann ja nur noch am Rand."

„Na klar – so ist das doch beim Befriedigen von Neidgefühlen fast immer, oder? Das Aufsagen von Produkteigenschaften reicht schon lange nicht mehr, um etwas zu verkaufen. Heute wird mit ganzen Welten geworben, in die du dich sozusagen einkaufen kannst. Lässt du den Snack also beim nächsten Einkauf liegen, gehst du nicht nur ohne Snack nach Hause, sondern auch ohne die Karibik. Umgedreht: Hat dein Nachbar den Snack eingepackt, hat er den Urlaub sozusagen auch dabei. Das erhöht den Druck – und der Treibstoff heißt Neid."

„Und das funktioniert?"

„Immer! Es ist ein Urtrieb, nicht schlechter dazustehen als Menschen aus der Peergroup. Wenn im Neandertal früher jemand die hübschere Frau hatte, bekam er eins mit der Keule. Das läuft heute subtiler, klar. Aber das Prinzip ist dasselbe. Bei Kindern ist es ganz einfach, weil sie diesen Mechanismus überhaupt noch nicht reflektieren können. Aber auch Erwachsene sind leichte Beute. Vielleicht, weil sie ihn nicht reflektieren wollen."

„Ist das für dich okay?"

„Hm, die Werbung guckt da eigentlich nur im echten

Leben ab: Erst gehst du im Kino noch locker am Popcorn vorbei. Aber wenn dein Sitznachbar welches dabei hat und du siehst, wie's ihm schmeckt, wie es ihn ‚beliebt' macht bei seinen Kumpels – zack, schon wächst die Lust. Aber natürlich kommt das in der Werbung viel gezielter, viel pointierter rüber. Und nein, ich finde das nicht überall okay."

„Man kann also sagen, dass das Neidgefühl den Konsum anheizen, ihn stimulieren soll?"

„Auf jeden Fall! Neid ist ein so starkes Gefühl, das sich mit der Ratio kaum abstellen lässt. Wird das im Kopf angetriggert, hast du es viel leichter beim Kunden, als wenn du einfach nur sagst: ‚Das schmeckt prima, das müssen Sie probieren!'"

Aus dem Leben: Konfirmationsgeschenke
Ich bin mit meinen Söhnen auf der Konfirmation meines Neffen. Das ist auch heute noch ein großes Fest in unserem Dorf. Aus fast jedem Haus gibt es einen Umschlag mit einer Karte, und darin stecken 5-, 10- oder 20-Euro-Scheine, je nach Belieben.

Am Nachmittag sitzen die eingeladenen Verwandten am Tisch, plaudern zwischen Mittagessen und Kaffeetafel miteinander. Plötzlich kommt mein zehnjähriger Sohn zu mir und möchte mit mir unter vier Augen sprechen. Er signalisiert, dass es dringend ist. Daher ziehe ich mich mit ihm in einen ruhigen Raum zurück. Kaum habe ich die Tür geschlossen, platzt es aus ihm heraus: „Mama, ich bin so neidisch!" Mir ist schnell klar, warum: Er läuft den ganzen Tag hinter seinem Cousin her und beobachtet ihn. Seit wir aus der Kirche zurück sind, klingelt es ohne Unterlass an der Tür. Ein Umschlag nach dem anderen wird geöffnet und mein Sohn kann einen Blick auf den Inhalt werfen.

Er leidet. Irgendwann hält er es nicht mehr aus und muss seinen Gefühlen Luft machen, in einer Ehrlichkeit und Klarheit – er weiß genau, was er fühlt –, die mich stark beeindrucken. Ich überlege nicht lange, sondern nehme ihn in den Arm. Ich fühle mit ihm. Ein paar Minuten lang stehen wir einfach nur da. Was er fühlt, tut ihm weh, aber ich kann ihm das nicht abnehmen. Mir bleiben die Empathie und meine Worte.

Mein Sohn ist ein starker Kerl. Es tut ihm gut, dass er neidisch sein darf, dass ich es ihm nicht verbiete. Ich kann mich daran erinnern, dass für solche Gefühle in meiner Kindheit kein Platz war. Wir durften einfach nicht neidisch sein. Und was nicht sein darf, gibt es demzufolge nicht. Wie einfach! Was damals blieb, war die Scham, denn wie sollte es möglich sein, ganz ohne dieses Gefühl auszukommen? Ich war neidisch. Worauf, weiß ich nicht mehr. Auf den großen Bruder? Auf die Freundin? Auf die Eltern, die das taten, was uns Kindern verboten war?

Plötzlich hat mein Sohn eine Idee: Er möchte mit mir auf der Rückreise nach Berlin in den Bahnhofskiosk gehen, damit ich ihm ein 1-Euro-Rubbellos kaufe. Mit der Hoffnung auf den Hauptgewinn läuft er zurück zu seinem Cousin.

Was können Eltern für sich tun?
> Wie gehen wir selbst mit Gefühlen um? Sind wir achtsam, kennen wir unsere unterschiedlichen Stimmungen und die Strategien, damit umzugehen? Haben wir eine eher positive Grundeinstellung, kennen wir unsere Grenzen? Falls ja, schaffen wir es meist auch, mit negativen Gefühlen klarzukommen. Grundsätzlich gilt beim Umgang mit unseren Gefühlen: beobachten und nachfühlen. Denn sie sind der Motor für unser Handeln. Achtsamkeit kann

uns helfen, genau zu verstehen, wie wir in bestimmten Situationen ticken. Kennen wir uns besser, wissen wir irgendwann, wie wir reagieren werden, und haben so die Möglichkeit, bereits im Vorfeld bestimmte Entscheidungen zu treffen oder Situationen zu umgehen. Sind wir erst einmal wütend, traurig oder frustriert, fällt die Kontrolle der Gefühle schwerer. Oft scheinen es aber auch äußere Zwänge zu sein, die bei uns bestimmte Gefühle auslösen. Doch in der Regel gibt es sehr wohl Alternativen dazu, die wir unter Druck nur nicht mehr sehen können. Unsere Gefühle sind dann also Ergebnis und weiterer Antrieb zugleich. Diesen Teufelskreis gilt es unbedingt zu durchbrechen.

› Ähnlich ist es natürlich auch beim Geld. Hier gilt es zunächst, seine Einstellung zu überprüfen und zu schauen, woher die negativen Gefühle kommen. Liegt es an der aktuellen Finanzsituation oder ist das Problem älter? Welche Einstellungen und Gefühle haben wir im Elternhaus kennengelernt? Wo finden sich in unserer Biografie Ge- oder Verbote im Umgang mit Geld? Wie haben wir das als Kinder empfunden? Wie geht es uns heute damit? Welche Strategien haben wir entwickelt, um mit unseren Gefühlen umzugehen? Was geht bei uns „nach innen", was eher „nach außen"?[103]

› Wer gelernt hat, zu beobachten, dem kann es gelingen, seine Gefühle aktiv zu steuern, denn die Einstellungen sind vor den Gefühlen da. Unsere Wahrnehmung täuscht uns häufig, weil wir gelernt haben, eine Situation auf eine bestimmte Art und Weise zu interpretieren.

› Ziel kann es sein, die eigene Geld-Identität in Gefühlsdingen zu erforschen. Was fühlen wir in welcher Situation und warum?

Was können Eltern gemeinsam mit den Kindern tun?
› Kinder haben ein Recht auf Gefühle, auch auf die nicht positiven. Die erste Regel im Umgang mit den Gefühlen unserer Kinder heißt daher: zulassen und ernst nehmen! Das ist nicht immer einfach. Erkennen wir die wahren Gefühle? Keinesfalls dürfen wir diese mit „Ist doch nicht so schlimm" abschwächen oder mit „Du hast doch gar keinen Grund, traurig, neidisch oder wütend zu sein" in Abrede stellen. Denn damit drücken wir aus, dass manche Gefühle nicht gewünscht, ja nicht legitim sind. Die Folge ist, dass die Kinder nicht mehr über ihre Gefühle sprechen, schlimmer noch: sich dafür schämen.
› Wenn Eltern ihre Kinder in den Momenten, in denen sie sich schlecht fühlen, nur ablenken, ihnen ein Trost-Eis kaufen oder einen Kuchen backen, dann lassen sie sie mit ihren Gefühlen alleine. Wie können Kinder lernen, konstruktiv mit Trauer, Wut und Enttäuschung umzugehen, wenn ihnen ständig vermittelt wird, dass es besser ist, diese Gefühle nicht zu haben? Wer dagegen Gefühle haben darf, merkt deutlicher, wie sie sich „verhalten" – wie sie kommen, wie sie gehen und was guttut, um damit klarzukommen.
› Es ist gut, Gefühle zu verarbeiten. Tränen und Wut helfen zudem, Stress abzubauen. Sie stärken auch das Selbstbewusstsein, denn wer schon als Kind die Erfahrung macht, selbst mit diesen Gefühlen klarzukommen, und erkennt, welche Kraft in ihnen steckt, kann all das auch auf andere übertragen. Wer dagegen alles nach innen richtet und nichts rauslassen darf, dem geht es in ganz vielen Momenten nicht gut.
› Es ist wichtig, die Gefühle unserer Kinder zuzulassen und auszuhalten. Und wer kann, nimmt Kinder in schwie-

rigen Situationen in den Arm und spricht mit ihnen. Empathie hat eine große Wirkung, etwa der Satz „Ich verstehe, dass du traurig, wütend oder enttäuscht bist". Erst in einem zweiten Schritt können Eltern darüber nachdenken, wie sie den Kindern helfen, ihre Gefühle zu überwinden. Und auch hier gilt: Kinder dürfen je nach Alter versuchen, ihre Probleme alleine zu lösen. Wenn Eltern zu früh eingreifen, dann unterbinden sie einen wichtigen Lernprozess der Kinder: mit dem Gefühl umzugehen, darüber zu sprechen und im besten Fall selbst zu einer Lösung zu kommen. Denn kaum ist die große Wut, Trauer oder Enttäuschung verflogen, lichtet sich der Nebel und die eigene Kreativität kehrt zurück – eine sehr wichtige Erfahrung für jeden, ob Kind oder Erwachsener!

‣ Vergessen wir dabei nie: Kinder brauchen uns Eltern als Vorbilder. Wie sprechen wir über Gefühle, wie offen und ehrlich sind wir? Hören wir anderen zu? Zeigen wir uns auch von unserer schwachen und verletzlichen Seite? Wie empathisch sind wir? Können wir uns in unsere Kinder und andere Menschen hineinversetzen oder gehen wir immer von uns aus? Kinder müssen im Alltag einfach immer spüren, dass ihre Eltern etwas ernst meinen, dass sie authentisch sind. Und das heißt auch, dass Eltern manchmal wütend oder traurig sein dürfen![104]

‣ Hinzu kommt, dass wir es akzeptieren müssen, wenn unsere Kinder gerade nicht reden wollen. Vielleicht sind sie noch nicht so weit, vielleicht drücken sie ihre Gefühle auf eine andere Art aus. Unsere Aufgabe im Alltag ist es, hinzugucken, uns einzufühlen und zuzuhören. Dabei müssen wir uns ausreichend Zeit lassen, uns und unsere Kinder nicht unter Druck setzen. Wir müssen nicht jeden Schmerz wegpusten und auch nicht immer für Ablenkung sorgen. Und vielleicht nutzen wir manche Situation, um mehr von uns zu erzählen. Kennen wir das Gefühl? Wenn ja, woher? Authentische Eltern ermöglichen so, dass ihre Kinder lernen, ihre Situation aus einer anderen Perspektive wahrzunehmen. Auch das fördert die Empathiefähigkeit von Kindern.

Unsere Kinder brauchen all diese Erfahrungen nicht nur für ihren späteren Umgang mit Geld, sondern in fast allen Lebensbereichen.

Werte ohne Besitz –
was uns wirklich wichtig ist

„Mama, ich brauche ein neues Smartphone!"
„Wieso, du hast doch eins?!"
„Ja, aber das ist blöd."

In unserem täglichen Sprachgebrauch hat sich die Formulierung „ich brauche" etabliert. Häufig fällt der Satz, wenn sich jemand etwas kaufen möchte. Braucht das Kind ein neues Smartphone oder wünscht es sich eins? Was brauchen wir zum Leben? Und brauchen Menschen verschiedene Dinge? Haben wir ähnliche oder unterschiedliche Bedürfnisse? Und wird aus jedem kleinen Wunsch schnell ein riesengroßes Bedürfnis?

Bereits kleine Kinder machen die Erfahrung, dass es neben den eigenen auch die Bedürfnisse anderer gibt. Und alle Bedürfnisse in Einklang zu bringen, ist selten einfach.[105] Ich habe da meinen dreijährigen Sohn vor Augen, der – gerade Bruder geworden – das Warten lernen musste. Denn ich konnte erst dann mit ihm spielen, nachdem ich mich um das Baby gekümmert hatte. Ein anderes Beispiel: Wir essen erst, wenn alle gemeinsam am Tisch sitzen. Es darf nicht schon der beginnen, der als Erster da ist, um sich den besten Happen zu sichern.

Situationen wie diese gibt es in unserem Alltag zuhauf. Und jeder von uns bemerkt, dass wir hier und da etwas anderes wollen als die Menschen, mit denen wir zusammenleben. Doch wie gehen wir miteinander um? Schreit das Kind, um seinen Vater dazu zu bringen, mit ihm zu spielen? Schimpft es, wenn es warten soll, bevor es essen kann? Und wie reagieren die Eltern? Nehmen sie die Bedürfnisse ihrer Kinder ernst? Zeigen sie ihnen, was es heißt, seine eigenen Bedürfnisse zu kennen, sie aber jeden Tag aufs Neue mit anderen abzustimmen? Wie achtsam leben Eltern ihren Kindern den Umgang mit den eigenen und den Bedürfnissen anderer vor?

In meiner Kindheit wurde der Vielfalt der Bedürfnisse innerhalb der Familie noch nicht gut Rechnung getragen, da die Tradition eine klare Hierarchie vorgab. Wie Entscheidungen gefällt wurden, war uns allen klar. Bis heute ist es in vielen Familien noch nicht selbstverständlich, achtsam, vorsichtig und respektvoll mit unterschiedlichen Bedürfnissen umzugehen. Dazu gehört zu lernen, mit anderen zu reden, zu warten, Bedürfnisse zurückzustellen, zu akzeptieren, dass nur Teile der eigenen Bedürfnisse erfüllt werden, oder manchmal auch ganz auf etwas zu verzichten.[106]

Für das Zusammenleben mit anderen Menschen braucht es Regeln. Werte, die sich aus unseren Bedürfnissen entwickeln, erfüllen diese Funktion.[107] Sie regeln unser gemeinsames Leben mit anderen, schaffen eine wichtige Bewertungsgrundlage für unser Handeln und sind zugleich auch eine Art Richtschnur. Diese hilft uns, unsere Rolle in der Gemeinschaft zu definieren, uns anzupassen oder auch abzugrenzen.

Werden Werte schon früh vermittelt, dienen sie im Alltag als Verhaltenskodex, später als grundsätzliche Lebenseinstellung. Doch das ist nicht nur ein passiver Vorgang: Kinder nehmen am Erlernen von Werten teil. Und je besser die Beziehung zu ihren Eltern ist, je ehrlicher und authentischer diese sind, umso besser kann eine Wertebildung im Elternhaus gelingen.

Welche Werte sind für uns und unsere Kinder wichtig?[108] Welche Prioritäten setzen wir und welche binden wir in unseren Alltag ein?

Werte – ein bewegliches Koordinatensystem
Welche Einstellungen zum Leben haben wir vor langer Zeit verinnerlicht? Welche Werte tragen wir in uns? Häufig ist uns nicht bewusst, nach welchen Werten wir unseren Alltag, vor allem mit unseren Kindern, bestreiten. Welche Werte sind auch heute noch wichtig und was möchten wir an unsere Kinder weitergeben?

Es gibt allgemeine Werte, die meist in der Gemeinschaft, in der wir leben, vertreten werden. Diesbezüglich war in den letzten Jahrzehnten auch stets ein Wertewandel zu beobachten. Werte werden immer wieder überprüft und unterliegen somit einem gewissen Zeitgeist. Viele von uns haben von ihren Eltern noch Werte wie Disziplin, Ordnung, Treue oder Fleiß kennengelernt. An deren Stelle rücken nun Stück für Stück Selbstverwirklichung, Kreativität und Emanzipation. Disziplin und Fleiß gewinnen in bestimmten Zusammenhängen allerdings auch wieder an Bedeutung.

Was ist jedem von uns wichtig und warum? Immer wieder heißt es, dass Eltern sich wünschen, ihre Kinder mögen später einmal einfühlsam, hilfsbereit, ehrlich und gerecht sein. Auch Vertrauen und Geborgenheit sind wichtige Werte in der Familie. Dahinter stehen allgemeine Bedürfnisse wie die nach Anerkennung, Aufrichtigkeit, Toleranz oder Freundlichkeit.[109] Was sollen unsere Kinder später einmal können, wie sollen sie sich verhalten? Und wie schaffen wir es, dass sie diese Werte kennenlernen und verinnerlichen?

Viele unserer Werte sind uns bewusst. Was ist uns persönlich wichtig? Wie wollen wir leben? Wofür setzen wir uns ein und was legen wir ab? Welche Werte sind wir bereit zu verteidigen? Kinder lernen Werte im täglichen Miteinander in der Familie und der Gemeinschaft mit anderen. Wie gehen wir miteinander um? Worüber sprechen wir? Reden wir über andere und wenn ja, wie?

Anderes ist uns nicht bewusst, weil wir im Alltag nicht auf alles achten (können), ganz häufig nicht die Kapazitäten haben, bewusster hinzuschauen. Umso wichtiger ist es, einen selbstkritischen Blick auch auf die Werte zu haben, nach denen wir leben. Denn für unsere Kinder können manchmal Momente im Alltag entscheidend sein, die zeigen, ob uns etwas wirklich wichtig ist oder ob wir „nur" darüber reden. Kinder beobachten uns und achten sehr genau darauf, ob das, was wir tun, mit unseren Worten deckungsgleich ist. Sind wir aufmerksam und zugewandt oder passiert es uns ständig, dass andere Dinge des Alltags wichtiger sind als die Momente mit unseren Kindern? Predigen wir ihnen die Vorzüge von Höflichkeit und Respekt und schnauzen sie im nächsten Moment wegen einer Kleinigkeit an? Wie ehrlich sind wir? Verlangen wir von anderen, geduldig zu sein, und können selbst kaum auf den Bus, die Bedienung oder die Rückkehr unseres Kindes warten? Welche unserer Lebensregeln, die wir in den täglichen Ablauf eingebaut haben – vom Frühstück bis zum Schlafengehen –, werden nicht nur von den Kindern, sondern von allen Familienmitgliedern eingehalten? Kommunizierter Anspruch und gelebte Wirklichkeit liegen nicht selten ganz schön weit voneinander entfernt.

Für Kinder ist es sehr wichtig, dass Eltern klare Standpunkte haben. Andererseits verändern sich unser Leben und unsere Umwelt. Ein gutes Maß an Standfestigkeit gepaart mit einer gewissen Flexibilität, die heranwachsenden Kindern auch neue Spielräume eröffnet, ist bestimmt nicht schlecht.

Immer schön ehrlich
Eines Tages überquere ich mit meinem Fahrrad die Schönhauser Allee und muss in der Mitte warten, bevor ich die Gegenrichtung passieren kann. Ich stehe unter der schönen grünen Hochbahntrasse und treffe auf eine Kindergartengruppe, die aufgeregt in Richtung U-Bahn-Eingang läuft. Ich finde es immer lustig, wie Kindergartenkinder in Berlin Hand in Hand in Zweiergruppen und im Entenmarsch diszipliniert den Anweisungen der Erzieherinnen folgen. An diesem Tag vernehme ich aber folgende unmissverständliche Ansage: „Wenn ihr in der U-Bahn gefragt werdet, wie alt ihr seid, dann sagt ihr, ihr seid fünf!" Kinder ab sechs Jahren müssen im Berliner Nahverkehr ein Ticket lösen.

Werte und Konflikte
Manchmal geraten wir im Alltag auch in Konflikt, weil wir zwei unterschiedliche, konkurrierende Werte verfolgen. Uns kann Hilfsbereitschaft zwar wichtig sein, konkret entscheiden wir uns aber doch lieber dafür, auf dem Sofa liegen zu bleiben, statt der Nachbarin wie versprochen das kleine Regal aufzubauen. Wir relativieren, weil es gerade nicht passt, zu anstrengend ist, in Konflikt mit unseren eigenen Bedürfnissen kommt. Um unser Verhalten zu rechtfertigen, reden wir es uns schön: Ich habe so lange nicht mehr entspannen können, ich arbeite viel, endlich habe ich mal Zeit und Ruhe. Und gerade jetzt soll ich Frau Schmitz helfen. Dabei habe ich eine Ruhepause verdient.

Kinder beobachten auch ein solches Verhalten sehr genau und überprüfen, ob ihre Eltern das, was sie sagen und als Verhaltensregeln innerhalb der Familie einfordern, auch selbst leben und sich danach richten. Denn schließlich lernen die Kinder auch in diesem Fall durch Nachahmen und Wiederholen. Ein Wertesystem ist kein starres Regelwerk.

Verschieben sich Werte, muss allen klar und transparent sein, inwiefern und warum sich die Bedürfnisse innerhalb der Familie geändert haben. Nur so kann die Bedeutung der Werte aufrechterhalten und erreicht werden, dass Kinder sie weder als lästige Einengung ihrer eigenen Bedürfnisse noch als beliebige Festlegung erleben. Das kann gelingen, wenn Kinder schon innerhalb der Familie erleben, dass auch sie als Personen gesehen und in ihrem Denken, Fühlen und Handeln geschätzt werden. Wertebildung ist kein intellektueller Vorgang, sondern hat etwas mit dem gesamten Leben zu tun.

Kinder und ihre Bedürfnisse wahrzunehmen ist also ein zentraler Punkt. Dreht sich in der Familie aber umgekehrt alles um die Bedürfnisse des Kindes, lernt es nicht, zu warten, zu verzichten oder mit seinem Frust umzugehen, dann wird es später Schwierigkeiten haben, sich in das soziale Umfeld einzufügen. Und das Zusammensein mit anderen ist und bleibt ein wichtiges zwischenmenschliches Ziel.

Welche unserer Werte sind uns also wichtig und nach welchen leben wir auch? Und warum werden vor allem die immateriellen Werte genannt, wenn es um die Ziele im Leben geht? Welche Rolle spielen materielle Werte in unserem Leben?

Wertebildung in der Konsumgesellschaft
Was bedeuten uns Güter und Geld, ein gewisser materieller Status? Streben wir nach Reichtum und finanziellem

Erfolg? Auch wenn uns Geld und Konsum grundsätzlich nicht so wichtig sind, brauchen wir ein Mindestmaß an materiellen Ressourcen zum Leben. Materielle Sicherheit war schon immer ein menschliches Bedürfnis.

In der Welt, in der wir heute leben, ist es nicht einfach, sich materiellen Botschaften zu entziehen. Überall wird versucht, uns zum Konsum zu animieren. Neben den tatsächlichen Produktvorteilen geht es in der Werbung vor allem um indirekte Wirkungen: Versprechungen von mehr Glück, Anerkennung oder Geltung. Natürlich findet jeder etwas, auf das er ohne Probleme verzichten kann: der eine auf schnelle Autos, der andere auf teure Markenkleidung, der nächste auf ein repräsentatives Eigenheim oder trendige Lebensmittel. Viele meinen sogar, sie seien völlig unabhängig und keinesfalls anfällig für Werbebotschaften. Aber kennen wir überhaupt alle werblichen Mechanismen? Jeder von uns ist auf eine bestimmte Weise anfällig für die Botschaften, die uns tagtäglich massenhaft umgeben.

Und dennoch – geht es um unsere Kinder, um das frühe Gespräch über Geld und Konsum im Elternhaus, werden in erster Linie immaterielle Werte wie Selbstverwirklichung, Freiheit, Zuverlässigkeit, Bildung, Kreativität oder Nachhaltigkeit herangezogen. In der Erziehungsarbeit werden sie als wichtiger erachtet als die Auseinandersetzung mit materiellen Themen. Wie passt das ins Bild? Schließlich leben wir in einer Gesellschaft, die keineswegs nur aus Menschen besteht, die materiellen Werten und Zielen den Rücken zugewandt haben. Machen wir uns etwas vor, wenn wir ein Bild eines familiären Alltags zeichnen, den es nicht gibt und wahrscheinlich auch nie gegeben hat?

Aus dem Leben: Jörg
Jörg besucht eine meiner Veranstaltungen in Berlin. Er hat zwei Töchter im Alter von drei und sechs Jahren. Die ältere geht bereits in die erste Klasse. Jörg beschäftigt vor allem der Wert des Geldes, den er seinen Kindern vermitteln möchte. „Wie kann das gelingen in einer Zeit, in der es um uns herum so viel Konsum gibt?", fragt er in die Runde. Obwohl seine Frau und er recht bewusst mit Geld umgehen – Jörg ist Bankangestellter –, macht ihm der Überfluss zu schaffen. Insbesondere an Weihnachten, Ostern und Geburtstagen sind es die Verwandten, allen voran die beiden Großelternpaare, die mit Freude schenken.

Jörg denkt an seine eigene Kindheit im Osten Berlins zurück. Er war 13, als die Mauer fiel. Seine Oma war in den Jahren davor die Einzige, die in den Westen reisen durfte. Jörg erinnert sich, wie sie eines Tages ein Lego-Feuerwehrauto mitbrachte. Das Spielzeug musste er sich mit seinem Bruder teilen. Aber die beiden kamen zurecht. Laut Anleitung gab es sieben verschiedene Möglichkeiten, das Auto auf- und umzubauen. Die Jungs fanden mit viel Ausdauer und Spaß jedoch sogar ganze 24 Möglichkeiten. Jörg ist noch heute sehr stolz darauf und hat dieses Geschenk der Oma ist bester Erinnerung.

Am letzten Osterfest setzt sich Jörg abends zu seiner älteren Tochter ans Bett, wie er es gerne tut. Er fragt sie nach dem Tag, ihren Erlebnissen und Gefühlen – ein Ritual zwischen Vater und Tochter.

„Wie war der Tag heute? Schön?"
„Ja, toll, schön."
„Und hast du dich über die Geschenke gefreut?"
„Ja, aber es waren weniger als im letzten Jahr, Papa!"

Anspruch und Realität

Welches Bild von Kindheit tragen wir in uns? Romantisieren und verklären wir? Und gibt es viele Gründe im Alltag, die uns immer wieder davon abhalten, so zu handeln, wie ein Teil von uns es sich im Innersten wünscht? Was bezwecken wir konkret mit der Erziehung unserer Kinder? Wie umfassend versuchen wir, das Leben, Denken und Handeln unserer Kinder jetzt und in Zukunft zu prägen?

Neben angemessenen Schulerfolgen wünschen sich viele Eltern von ihren Kindern Bescheidenheit, Selbstdisziplin und Sparsamkeit. Sie möchten Kinder, die froh sind, wenn die Eltern mit ihnen spielen, essen oder lachen, und wenig darauf bedacht, mehr von allem zu wollen oder gar zu fordern: mehr Spielsachen, mehr Süßigkeiten, mehr Bespaßung.

Die Realität sieht aber so aus: Wir Eltern bekämpfen das, was um uns herum ist und was wir in vielen Fällen leider selbst befördern. Wir öffnen die Türen für den Konsum. Wir schaffen die Möglichkeiten für die vielfältige Nutzung von Medien – vor allem auch zu Hause – und wir geben die Betreuung und Förderung unserer Kinder in immer mehr Hände. Kinder werden in unserer Welt stärker als jemals zuvor durch mehr Personen als die Eltern und vor allem auch durch die Medien beeinflusst.[110] Leugnen wir, was unseren Alltag ausmacht?

Der mediale Anpassungsdruck und der Wunsch der Kinder nach all den Dingen, die ihnen angeboten werden, sind viel stärker, als wir es uns eingestehen – und auch, als wir es uns wünschen. Dennoch machen wir mit: Wir kaufen die Wurst mit dem Gesicht, damit die Kinder Spaß am Essen haben, wir schenken ihnen schon in frühen Jahren T-Shirts von Fußballstars, wir lassen sie am Computer das

Spiel von der Müsli-Packung spielen und fahren mit ihnen zwei Tage am Stück in Vergnügungsparks – das Hotel vor Ort inklusive.

Dinge wie Freundschaft, Liebe oder Geborgenheit, die keinen ökonomischen Vorteil bieten und sich auch sonst nicht greifen lassen, sind uns wichtig. Und viele von uns sind auch weit davon entfernt zu glauben, dass Geld allein glücklich macht. Wir kennen Menschen, die ihr Heil in materiellen Dingen suchen. Die sehr viel arbeiten und nur wenig Zeit für sich und ihre Familie haben. Und trotzdem ist es nur die halbe Wahrheit zu sagen, es seien allein die immateriellen Werte, die zählen.

Tun wir uns und unseren Kindern einen Gefallen, wenn wir diesen „Wettbewerb der Werte" aufrechterhalten? Wenn wir die materielle Welt als Dämon hinstellen, den es zu bekämpfen gilt? Was bedeutet eine solche (bewusst oder unbewusst) propagierte Grundhaltung für die Lebenswirklichkeit unserer Kinder?

Besser ist es, sie mit beiden Arten von Werten zu konfrontieren – eine Abkehr, Verdammung oder Verteufelung bewirkt nichts. Ganz im Gegenteil, das bringt Kinder sogar in Konflikte, weil es für sie eben im Alltag nicht einfach möglich ist, den Verlockungen zu widerstehen. Für sie gehören Konsum und die Medien eben auch zum Glück.[111]

Es bleibt die Befürchtung der Eltern, die Kinder könnten im Koordinatensystem der Werte verrutschen, „falsche" Schwerpunkte setzen. Doch wir Eltern müssen uns klarmachen, dass sich die Lernfelder und Erfahrungsräume von Kindern heute verändert haben. Sie lernen in anderen Situationen und Kontexten, als wir es noch getan haben. Früher war es aus Elternsicht leichter, die Erfahrungsräume für Kinder zu begrenzen, um den Einfluss entsprechend gering zu halten. Das ist heute so nicht möglich. Dass die neue Situation aber mehr Risiken als Chancen bietet, ist nicht zu erwarten.

Was können Eltern für sich tun?
› Was ist uns heute wichtig? Was war uns früher wichtig, als wir noch in der Ausbildung oder im Studium waren? Wir stellen fest, dass wir uns hier und da verändert haben, nach anderen moralischen Grundsätzen handeln. Je nach Lebensphase stehen die eigenen Werte immer wieder auf dem Prüfstand. Die Zeit mit unseren Kindern ist eine besondere Phase, in der wir schauen, welche Werte wir ihnen mitgeben wollen.

› Unsere erste Aufgabe dabei ist eine Sensibilisierung: Mit welchen Werten sind wir groß geworden? Was haben wir beibehalten, was vielleicht sogar vollständig verändert? Oft denken wir Eltern nicht über unsere Werte nach, die wir in uns tragen und unseren Kindern gerne vermitteln wollen. Lasst uns das ändern.

› Was ist mit unserem Partner – was ist ihm wichtig? Es wäre gut, das mit unseren eigenen Vorstellungen abzugleichen. Im besten Fall ziehen wir beide an einem Strang. Aber oft werden die Prioritäten auch unter Eltern unterschiedlich gesetzt.

› Ein nächster Schritt ist zu überlegen, wie sich unsere Werte am besten vermitteln lassen. Eine Möglichkeit ist, mit den Kindern darüber zu sprechen, was uns als Vater oder Mutter wichtig ist. So können wir ihnen zum Beispiel sagen, warum wir Wert darauf legen, dass sie sich bei einem Streit auf eine gewisse Art und Weise verhalten. Aber handeln wir selbst so, wie wir es von ihnen erwarten?

› Gut ist auch ein achtsamer Blick auf die Kinder. Was brauchen sie? Auch hier gilt: Entscheidend ist eine positive Beziehung zwischen Eltern und Kindern.
› Was kann sonst noch helfen, die eigenen Werte besser kennenzulernen und erlebbar zu machen? Sammeln und aufschreiben!
› Wie können sich Eltern gegenseitig bestärken? Gemeinsam über den Alltag und den Umgang mit den Kindern zu reflektieren und zu sprechen, ist immer gut.

Was können Eltern gemeinsam mit den Kindern tun?
› Haben wir uns schon einmal gefragt, wie unsere Kinder bei uns zu Hause überhaupt Werte erlernen? Und welche sind das? In welchen Situationen fällt uns das auf?
› Regelmäßige Gespräche zwischen Eltern und Kindern, in denen Beobachtungen besprochen und analysiert werden, können helfen.
› Gut ist es in jedem Fall, auch das Zuhören zu üben: Was sagen die anderen? Zuhören ist eine wichtige Grundlage der Empathie.
› Und wie wär's mal mit Rollenspielen? Dabei können alle die Perspektive wechseln und sich in andere hineinversetzen.
› Ansonsten müssen Kinder auch mal mit anderen Gleichaltrigen allein sein dürfen, da sie in dieser Konstellation selbst Regeln entwerfen und ausprobieren.
› Einer der wichtigsten Punkte überhaupt ist aber dieser: Wer Werte vermitteln will, muss sie vorleben. Dabei gilt: Dieser Prozess ist keine Einbahnstraße. Werte werden im direkten Austausch mit allen Beteiligten „gelebt".
› Gut ist es zudem, Kindern den Unterschied zwischen individuellen und gesellschaftlichen Werten klarzumachen.

Letztere sind für Kinder oftmals nicht greifbar. Dennoch ist es sinnvoll, sie zu beachten.

Verantwortung durch Handeln – Konsequenzen des eigenen Tuns

Kinder mit einer guten Portion Selbstvertrauen finden sich in der Welt leichter zurecht. Unsichere und schüchterne Kinder haben es im Alltag schwerer. Doch wie werden unsere Kinder selbstbewusst? Wie schaffen wir es als Eltern, ihnen im Alltag ausreichend Kompetenzen zu vermitteln, damit sie sich gut im Leben zurechtfinden? Wie viele Erfahrungen machen Kinder im Alltag?

Aus dem Leben: Ben und Naina
Ben wohnt mit seiner Familie im Norden Berlins. Sein sechsjähriger Sohn bekommt seit seinem 6. Geburtstag zwei Euro Taschengeld in der Woche. Ben erzählt, dass seine Eltern ihm schon als Teenager viele Freiheiten in Gelddingen ließen. Er erhielt neben seinem Taschengeld gezielt Kleider- und Reisegeld. Über die Ausgaben war Buch zu führen. Außerdem gab es die Regel, dass das Kleider- und Reisegeld nicht in Süßigkeiten oder ähnliche Dinge investiert werden durfte. Für Ben bedeutete diese Strategie seiner Eltern schon früh größere Selbstständigkeit und mehr Verantwortung. Das ist es auch, was er heute bei seinem Sohn feststellen kann.

„Ich bilde mir ein, dass sein Selbstwertgefühl gestiegen ist, seit er Taschengeld bekommt. Es ist wohl die Verantwortung, die er hat, und mein Vertrauen in ihn, dass er es schafft, mit seinem Geld klarzukommen. Vielleicht kann er es selbst noch gar nicht richtig begreifen, aber es macht ihn stolz, sich in einer Welt zu bewegen, in der er eigene Entscheidungen treffen kann. Daher hat er seinen Beutel, den er mal mitnimmt und mal vergisst. Und wenn er ihn vergessen hat, dann kann er nicht einkaufen. Ich merke, wie ihn das voranbringt. Außerdem geht er aufmerksamer durch die Welt. Da kann es eben schon mal sein, dass die Gummischlange im Laden 10 Cent kostet und im Schwimmbad 30 Cent. In dieser Form setzt er sich mit etwas auseinander, womit wir uns später permanent beschäftigen müssen. Womit Kinder sich eben nicht befassen, wenn Papa eh alles kauft."

*

„Ich bin fast 18 und hab keine Ahnung von Steuern, Miete oder Versicherungen. Aber ich kann 'ne Gedichtanalyse schreiben. In 4 Sprachen." Dieses Bekenntnis der Kölner Schülerin Naina auf Twitter löste heftige Reaktionen aus. Schnell wurde interpretiert und Verantwortung hin und her geschoben. Dabei wollte sie noch nicht einmal sagen, dass das Lernen in der Schule überflüssig sei, wie sie später in einem Interview sagt. Ihr fehlten grundsätzlich die „lebensnahen Themen": „Wie miete ich eine Wohnung? Was muss ich an Steuern zahlen? Welche Versicherungen brauche ich und wie schließe ich die ab? Wie kläre ich Dinge mit der Bank? Ich würde mir wünschen, dass wir über so was in der Schule sprechen."[112]

Und weiter erzählt sie: „Der Tweet war für mich selbst ein Anstoß: Ich bin danach zu meiner Mutter gegangen und hab ihr Fragen gestellt. Sie hat mir erklärt, wie das eigentlich abläuft, wenn man eine Wohnung mietet." Naina freut sich, dass ihr die Menschen schreiben, dass viel über ihre Äußerung diskutiert wird: „Wir haben heute in Deutsch über deinen Tweet gesprochen." Oder: „Ich habe mich heute mit meiner Tochter darüber unterhalten." Sie sagt: „Mir gefällt das. Das sind schon ein paar Jugendliche mehr, die nicht mehr so orientierungslos sind."[113]

Naina weiß also genau, was sie will. Sie hat plötzlich festgestellt, dass sie mehr erfahren will, mehr erklärt bekommen, mehr Einblick, mehr einbezogen werden und mehr machen, um, ja, um zu lernen. Um nicht orientierungslos am Ende der Schulzeit dazustehen, wenn sowieso schon so viele große Entscheidungen auf sie warten: Lehre, Studium, Beruf. Die vielen Möglichkeiten sind es, die heute nicht nur Jugendliche überfordern.

Schade eigentlich, dass Nainas Botschaft nicht von allen gehört werden konnte, weil ihr Bekenntnis als Vorwurf aufgefasst wurde. Aber sie wusste damals eben noch nicht, dass auch Steuern, Verträge und Versicherungen keine unlösbaren Aufgaben sind. War es nicht mutig von ihr, ihre Unkenntnis einfach anzusprechen?

Entscheidungen treffen, Verantwortung übernehmen, Erfahrungen sammeln
Dem menschlichen Handeln gehen Entscheidungen voraus. Wir haben uns zum Beispiel entschieden, einkaufen zu gehen. Warum? Warum jetzt und nicht später? Wo gehen wir einkaufen und was kaufen wir ein? Einkaufen – eine Tätigkeit mit vielen kleineren und größeren Entscheidungen.

Täglich treffen wir sehr viele Entscheidungen. Aber haben wir uns schon einmal klargemacht, wie ein Entscheidungsprozess abläuft? Was ist unser Ziel, nach welchen Kriterien handeln wir und welche Alternativen gibt es? Wie wollen wir vorgehen und worauf wollen oder müssen wir achten? Ständig gilt es, unterschiedliche Optionen abzuwägen, Ziele festzulegen, Risiken einzuschätzen und mögliche Veränderungen mit einzubeziehen.

Entscheidungen fallen uns leichter, wenn wir selbstbewusst und sicher an eine Sache herangehen. Gleichzeitig hilft uns eine gute Informationsgrundlage. Zu wenige Informationen erschweren den Entscheidungsprozess.

Und später? Ist alles gut verlaufen oder bereuen wir unsere Entscheidung? Welche Folgen hat unser Handeln? Haben wir zu viel Geld ausgegeben, zu wenig auf die Qualität geachtet oder es versäumt, andere über unser Tun zu unterrichten? Häufig werden wir für unser Handeln kritisiert, manchmal ärgern wir uns über uns selbst. Aber es kommt ebenfalls oft vor, dass wir mit der Entscheidung auch nachträglich zufrieden sind. Konnten wir erleben, dass wir selbst in der Lage sind, Situationen zu meistern, bleiben ein positives Grundgefühl und eine gewisse Selbstsicherheit zurück. Und natürlich möchten wir unsere positiven Erlebnisse wiederholen und Gefahren vermeiden.

Unsere Erfahrungen werden Teil unseres zukünftigen Handelns. Manchmal ist es das Wissen, das uns nützt, manchmal verknüpfen wir bestimmte Gefühle mit Situationen und Entscheidungen. Angenehme und unangenehme Erinnerungen haben Auswirkungen auf die Gegenwart. Umso mehr, je stärker sie sind. Unser Bauch entscheidet also auch immer mit, obwohl wir meinen, vieles nur mit dem Verstand (rational) abzuwägen. Der Anteil von irrationalen Elementen an Entscheidungsprozessen ist allerdings sehr hoch.[114]

Wie und wann lernen wir, Entscheidungen zu treffen, Verantwortung für unser Handeln zu übernehmen? Fest steht, dass es ein langer Prozess ist – auch als Erwachsene lernen wir immer wieder hinzu. Aber kann man das Entscheiden nur durchs Zugucken lernen? Kinder lernen durch beobachten und nachahmen, also mithilfe von Vorbildern, aber auch durch ausprobieren und die Fehler, die sie dabei immer wieder machen.

Oft nehmen Eltern ihren Kindern allerdings die Verantwortung weg. Ja, sie nehmen sie ihnen nicht ab, sondern regelrecht weg. Sie lassen sie nicht selbst entscheiden. Das hat damit zu tun, dass Kinder lange Zeit nicht in der Lage sind, für ihr eigenes Wohl und ihre Sicherheit zu sorgen. Dafür gibt es Eltern, die ihre Kinder lieben, beschützen und sich um sie kümmern. Sie entscheiden, was für die Kinder gut und richtig ist, was ihre Sicherheit gefährdet und welche Erfahrungsräume sie erhalten sollen. Schätzen Eltern eine Situation als ungut, ungesund oder unsicher ein, werden sie versuchen, ihre Kinder davon fernzuhalten. So entscheiden sie nicht nur, was die Kinder essen oder trinken sollen, womit sie sich beschäftigen dürfen und wann sie schlafen gehen. Immer häufiger kommt es vor, dass Eltern in weiteren Lebensbereichen das Tun und Lassen ihres Nachwuchses kontrollieren. In der Konsequenz lernen Kinder nur auf dem von den Eltern ausgesuchten, vorgegebenen und als sicher befundenen Terrain.

Wenn es um eine echte Gefahr geht, ist es sicherlich schwierig, die Grenze zu ziehen. Aber grundsätzlich darf ein Kind sich durchaus auch mal das Knie aufschlagen, sich die Finger verbrennen, ein paar Treppenstufen hinunterpurzeln, sich mit der Schere schneiden, sich wehtun und laut schreien. Und dass man nicht einfach über die Straße läuft, lernt es auch nicht, indem wir es möglichst lange von jeder Straße fernhalten.

Warum aber setzt der elterliche Schutzreflex mittlerweile schon ein, wenn dem Kind eine Enttäuschung droht, ein Moment der Traurigkeit? Warum kann ein Nein nicht einfach nur ein Nein bleiben – ohne Kompensationsleistungen? Und dass das Kind die Folgen seines eigenen Handelns (er-)tragen muss, ist eigentlich unstrittig, denn das muss für jeden Menschen eine alternativlose Kompetenz sein! Doch selbst dann springen Eltern frühzeitig ein und „beschützen" ihr Kind. Und damit nehmen sie ihm etwas weg: die Verantwortung und den daraus resultierenden Lernerfolg. Denn nur wer seine eigenen Erfahrungen machen kann, wer früh Verantwortung übertragen bekommt oder übernimmt, ist in der Lage, Referenzen zu entwickeln und stolz auf das Erreichte zu sein.

Der Umgang mit Geld – früh übt sich
Ab wann sollten wir unserem Kind Taschengeld geben? Wie hoch darf beziehungsweise sollte es sein? Das sind die Fragen, die Eltern auch in meinen Workshops beschäftigen. Umso verblüffter sind sie, wenn ich zurückfrage: Wie viel geben Sie im Monat für Ihr Kind denn so aus? Damit meine ich Beiträge für den Sportverein und die Schule, Ausgaben für Lebensmittel und Kleidung sowie all die anderen Zahlungen zwischendurch, von der Streuselschnecke beim Bäcker über die Zeitschrift am Kiosk bis hin zu den Pommes im Schwimmbad, aber auch die vielen kleinen Geschenke, die immer mal wieder anfallen: das Spielzeugauto, den schönen Malblock, das neue Lernspiel. Ach ja – und den Kratzer in Nachbars Kotflügel, weil dem Kind das Rad so blöd umgefallen ist. Wie viel mag da zusammenkommen? Und was sagt uns das über unser Verhalten? Bringen wir vom Einkaufen regelmäßig ein paar schöne Dinge für unsere Kinder als Überraschung mit? Oder betteln sie manchmal so lange, bis sie uns weichgeklopft haben?

Was halten Sie von dem Gedanken, die Verantwortung für einige Ausgaben Ihren Kindern zu übertragen? Natürlich keinen Dreijährigen, aber Grundschüler, die ihre Eltern täglich „bearbeiten", können Schritt für Schritt lernen, dass etwas, was zuvor absolut notwendig war, plötzlich im Lichte der eigenen Finanzhoheit doch nicht mehr so wichtig erscheint. Dann fangen Kinder an zu überlegen, zu rechnen, zu sparen und zu lernen, eigene und vielleicht neue Prioritäten zu setzen. Mit zunehmendem Alter kann das Taschengeld erhöht und die damit verbundenen Verpflichtungen können erweitert werden.

Viele Kinder bekommen Taschengeld. Und ich bin immer wieder überrascht, wenn Eltern mir selbstbewusst erklären, dass sie ihrem Kind keins zahlen. Die Gründe dafür sind unterschiedlich. Manche haben als Kind selbst gute Erfahrungen damit gemacht, dass ihnen die Eltern auf Zuruf Geld gaben. Ganz oft sind diese Menschen in anderen Ländern oder Kulturkreisen groß geworden. Andere wiederum wollen die Geldflüsse ihrer Kinder bewusster steuern. Wenn das Kind zuerst fragen muss, ob es eine Sache haben darf, bleiben Eltern – so jedenfalls die Hoffnung – informiert.

Aus dem Leben: Yasmin und Beate
Yasmin hat drei Kinder, die zwischen sieben und elf Jahre alt sind. Sie gibt ihnen kein Taschengeld mehr. In einem Gesprächskreis zu diesem Thema erzählt sie: „Manchmal kriegen sie ein bisschen was, zum Beispiel wenn sie ein Teilchen vom Bäcker haben wollen, das im Rahmen bleibt, oder eine Kleinigkeit am Kiosk. Aber direkt Taschengeld gibt es bei uns aktuell nicht."

„Und warum nicht?"

„Vor ein paar Jahren haben wir unseren Kindern Taschengeld gegeben. Aber im Grunde haben sie zweimal Geld von uns bekommen. ‚Nein', riefen sie immer wieder,

‚das Taschengeld geben wir hierfür nicht aus. Mama, bezahl du!' Ja, und wie Mütter manchmal sind, habe ich dann bezahlt. Erreicht habe ich das Gegenteil von dem, was ich wollte. Also stand mein Entschluss irgendwann fest, ihnen die Sachen aus dem Supermarkt mitzubringen. Besser als wenn ich den Kindern doppelt Geld gebe."

„Ist das der einzige Grund, weswegen du deinen Kindern kein Taschengeld zahlst?"

„Nein, ich will nicht, dass sie so viele Süßigkeiten kaufen. Auf diese Weise kann ich alles besser regulieren und kontrollieren, weil ich nicht will, dass sie ständig loslaufen. Denn bei uns sind zwei Kioske und in der Schule können sie sich ebenfalls Süßigkeiten kaufen. Ich finde, sie müssen lernen, dass man nicht immer etwas haben kann. Mal gibt es Geld, aber nicht immer. Ich möchte, dass sie lernen, dass Geld endlich ist. Wenn man sich was kauft, ist das Geld eben auch mal weg."

*

Beate handhabt das Taschengeld flexibel. Ihre Tochter ist acht Jahre alt. „Obwohl sie Taschengeld bekommt, bezahle ich in vielen Situationen", erzählt Beate, die an einem meiner Workshops über die Gestaltung und Finanzierung von Ferienzeiten teilnimmt. Vor Kurzem hat sie ihrer Tochter eine Ferienarbeit angeboten: faule Äpfel im Garten aufsammeln. Für 25 Äpfel, so Beate, bekommt ihre Tochter eine Kugel Eis. Allerdings hat sie sich vertan, denn es gibt sehr viel mehr Äpfel in ihrem Gärtchen, als sie gedacht hatte. Und auch ihre Tochter hat gemerkt, zu welcher Anstrengung sich die Arbeit ausweitet. Daher hat sie kurzerhand beschlossen: Es ist genug, sie will nicht mehr. Etliche Äpfel müssen liegen bleiben. Beate hat ihrer Tochter trotzdem einen Gutschein ausgestellt, denn so hatten die beiden es besprochen. In den vergangenen Wochen hat das Mädchen immer mal wieder einen Teil ihres Gutscheins bei der Mutter eingelöst. Doch irgendwann fand sie, dass sie endlich mal wieder ein Eis „einfach nur so" von Mama spendiert bekommen sollte, obwohl der Gutschein noch nicht aufgebraucht war – schließlich hatte sie vorher das Eis ja auch „einfach nur so" bekommen. „Meine Tochter kann manchmal sehr berechnend sein", sagt Beate und lacht.

**Taschengeld für mehr Selbstständigkeit
und Eigenverantwortung**
Ein wichtiger Aspekt im Zusammenhang mit Taschengeld ist die Förderung der Selbstständigkeit und der Eigenverantwortung von Kindern. Darin liegt der große Unterschied zu einer materiellen Versorgung der Kinder auf Zuruf.[115]

Wenn Eltern beispielsweise den Kauf eines Kaugummis an der Drogeriekasse mit dem klassischen Satz „Dafür haben wir kein Geld" ablehnen, dann ist das meistens gelogen. Denn es geht doch gar nicht darum, ob dafür Geld da ist, sondern vielmehr darum, ob wir für die ein oder andere Sache Geld ausgeben *möchten*! Das Kind lernt also eine Lektion in fehlender Authentizität, eine in Nicht-ernstgenommen-werden. Es wundert sich, denn für Mamas Kosmetik und die 24 Rollen Toilettenpapier war ja eben noch Geld da, und geht mit einer seltsamen Erfahrung mehr aus der Drogerie. Über die Endlichkeit des Geldes, das Abwägen von Spontaneinkäufen oder die Tücken der Quengelware hätte es auch etwas lernen können, durfte es aber nicht.

Mit ihrem eigenen Geld sind Kinder selbst verantwortlich für ihre Entscheidungen: Kaufe ich etwas, was mir nach einer Woche schon nicht mehr gefällt? Nehme ich die preisgünstige Variante der Tischtennisschläger und muss mich ärgern, wenn sich schon nach kurzer Zeit der Belag löst? Wie ist es mit dem teuren Sammelheft, das ich unbedingt wollte? Wurde es mir geklaut oder habe ich es irgendwo liegen lassen?

Wenn Kinder schon früh ihr eigenes Taschengeld bekommen und die Eltern konsequent bleiben, wenn es alle ist, auch bis zum nächsten Zahltag, dann lernen Kinder hauszuhalten mit dem, was sie haben. Wie die Großen passen sie ihre Ausgaben ihren Einnahmen an. Und daher machen Kinder, die Taschengeld bekommen, das sie selbst verwalten dürfen, auch früh die Erfahrung, dass die Kasse leer ist, wenn sie leer ist. Sie müssen bis zum nächsten Zahltag warten, bis er wieder aufgefüllt wird. Dabei sind Geduld und Planung gefragt. Die Eltern sollen das durchaus begleiten – es geht nicht ums Weggucken, sondern ums Loslassen.

Kinder können sich auch überlegen, wie sie ihr „Einkommen" auf kreative Art verbessern, ohne zu quengeln. Sie könnten den Nachbarn beim Rasenmähen oder der Oma beim nächsten Einkauf helfen. Der eigenverantwortliche Umgang mit Geld öffnet an vielen Stellen eigene Handlungsräume für Kinder! Die Aufgaben, die mit dem Erhalt von Taschengeld verknüpft werden können, variieren stark und hängen vom Alter und auch von jedem Kind selbst ab. Denn überfordern wollen wir unsere Kinder nicht – die positiven Erfahrungen sollen unterm Strich überwiegen. Allerdings braucht es manchmal erst eine negative Erfahrung, aus der dann ganz viele positive erwachsen.

Etwa bis zum 12. Lebensjahr sollten Kinder mit Geld umgehen, das sie konkret sehen. Den Eltern über die Schulter zu schauen ist notwendig. Doch leider ist dabei heute immer weniger sichtbar. Viele Geldvorgänge laufen virtuell oder ohne Beisein unserer Kinder ab. Etwas selbst zu tun, schult noch einmal auf ganz andere Weise. Denn den Umgang mit Geld lernen wir nur durch aktives Handeln: in konkreten Situationen, an konkreten Beispielen, an realen Objekten. Was es also braucht, ist weniger Kontrolle und mehr Praxis für Kinder und Jugendliche – kurz gesagt: Taschengeld.

Aus dem Leben: Emma und Mia
Die achtjährigen Zwillinge Emma und Mia bekommen einen Euro Taschengeld in der Woche. Dürfen sie sich alles davon kaufen?

„Nein", antworten sie, „Raketen zu Silvester sind tabu und Cola. Aber eigentlich kaufen wir nicht, wir sparen."

„Worauf spart ihr denn?", möchte ich wissen.

„Wir sparen mehr für unser späteres Leben", sagen die beiden. „Wir wollen nämlich zusammen mit unseren Freunden aus der Klasse einen Bauernhof machen. Jede von uns spart davon die Hälfte und wir haben jede schon 50 Euro. Also 100 Euro."

Was können Eltern für sich tun?
› Wie gehe ich eigentlich im Alltag konkret mit Geld um? Was für ein Geld-Typ bin ich? Gebe ich mein Geld leichtfertig und unbedacht aus oder bin ich eher geizig? Neige ich dazu, alles zum Thema Geld zu delegieren, oder handle ich souverän und besonnen?"[116]
› Wie manage ich mein beziehungsweise unser Geld? Bin ich alleine dafür verantwortlich? Kümmere ich mich oder delegiere ich? Oder verdränge ich eher und kümmere mich zu wenig?

› In welchen Bereichen kann ich gut, in welchen weniger gut mit Geld umgehen? Kann ich einzelne Handlungsfelder identifizieren, mit denen ich wenige beziehungsweise mehr Schwierigkeiten habe?

› Was will ich erreichen? Wo kann ich Veränderungen vornehmen? Welche realistischen Ziele kann ich mir setzen?

› Handeln heißt, Entscheidungen zu treffen. Deshalb sollten Eltern auch analysieren: Wie treffe ich Entscheidungen? Wie gehe ich vor? Wo liegen meine Stärken und Schwächen? Ich treffe in meinem Leben viele Entscheidungen – tue ich das beim Geld hin und wieder ganz anders, vielleicht sogar so, wie es mir in anderen Bereichen nicht im Traum einfiele?

Aus dem Leben: Max
Max kauft seinem Sohn zu Weihnachten einen Schreibtischstuhl. Es ist der Wunsch des Sohnes, denn er ist jetzt häufiger bei seinem Vater und hat in letzter Zeit sein Zimmer an vielen Stellen umgeräumt und verändert. Ein neuer Tisch, viele Bilder und Poster und ein größeres Bett mussten her, alles Dinge, die die beiden mit viel Fantasie besorgt haben.

Max möchte natürlich, dass sich sein Sohn bei ihm wohlfühlt. Deshalb erledigt er vieles für ihn. Kurz vor Weihnachten fragt er den Nachbarn mit der großen Wohnung, ob er den Stuhl, nachdem er ihn aufgebaut hat, bis zum Fest bei ihm unterstellen könne.

„Wie wäre es", schlägt der Nachbar vor, „wenn du deinen Sohn das selber machen lässt – oder ihr euch zusammen an die Arbeit macht?"

Was können Eltern gemeinsam mit den Kindern tun?

› Kindern fehlt es heute häufig an konkreten Alltags- und Handlungserfahrungen. Insofern ist es wichtig, dass es Zeiten und Bereiche gibt, in denen sie nicht nur fremdbestimmt, sondern vor allem selbstbestimmt lernen. Taschengeld ist ein solches Lernfeld.

› Beim Geld – wie auch bei anderen Themen – heißt selbstbestimmtes Lernen, eigene Themen, eigene Interessen, eigene Entscheidungen, eigene Ergebnisse und eigene Schlussfolgerungen haben zu dürfen. Auch die Art und Weise, wie die Kinder an die Sache herangehen, bleibt ihnen selbst überlassen. Wenn die Eltern immer wieder ihre Meinung beziehungsweise eine Bewertung abgeben („Das habe ich dir ja gleich gesagt!"), verlieren Kinder die Lust, selbst aktiv zu werden. Die Eltern dürfen allerdings auf eine geeignete Lernumgebung im Elternhaus achten, die zu einem selbstständigen Lernen motiviert.

› Selbst Entscheidungen zu treffen, will gelernt sein. Wie oft tun wir uns selbst schwer damit? Manchmal überfordert uns doch schon die Produktpalette im Supermarkt, wenn es darum geht, Marmelade, Öl oder Schokolade auszuwählen. Es gilt also: Kinder müssen immer wieder praktisch üben – natürlich altersgerecht.

› Wenn Kinder eigene Entscheidungen treffen dürfen, kann es zu Konflikten in der Familie kommen. Das heißt, dass die Familienmitglieder immer wieder gemeinsam Kompromisse finden müssen, um den unterschiedlichen Bedürfnissen und Vorstellungen gerecht zu werden.

› Wenn Kinder ein starkes Selbstwertgefühl entwickeln, dann übernehmen sie für sich und ihre Handlungen persönlich Verantwortung und machen nicht immer nur andere für alles verantwortlich. Diese Entwicklung vollzieht sich jedoch nicht automatisch, sondern basiert auf einer Vielzahl von Erfahrungen. Das Kind muss lernen können, wer es ist, was es will, was ihm wichtig ist. Und es muss die Möglichkeit haben, sich auszuprobieren, für seine Interessen einzustehen, Verantwortung zu übernehmen. Dazu braucht es Erwachsene, die Kindern Geborgenheit, Sicherheit und Zuwendung geben, authentisch sind und selbst Verantwortung im Alltag übernehmen. Sie dürfen Vertrauen in die sich herausbildenden Kompetenzen der Kinder haben und ihnen viel Raum zum Ausprobieren geben. Dann entwickeln Kinder nicht nur im Umgang mit Geld ein starkes Selbstwertgefühl, und darum geht es.

Aus dem Leben: Herausforderung als Schulfach
In der Evangelischen Schule Berlin Zentrum macht der erste Jahrgang Abitur, als ich mit meinem Esel dort bin. Die Schule nennt sich Reformschule, denn das ist ihr Anspruch: das Lernen und die Lernkultur zu reformieren. Viele Abläufe und Ansätze sind anders als in anderen Schulen. Besonders ist das Fach Herausforderung: Mit 150 Euro sollen die Schüler der Klassen 7 bis 10 drei Wochen lang außerhalb Berlins aktiv sein, egal ob in den Alpen, an der Ostsee oder im Ruhrgebiet. Sie können zum Beispiel Fahrrad fahren, Kanu fahren, wandern, auf einem Bauernhof arbeiten, Tiere pflegen, Robben füttern. Alles ist möglich, vieles ist erlaubt. Es muss nur selbst geplant und umgesetzt werden.

Diese drei Wochen verändern die Kinder und Jugendlichen, denn die meisten von ihnen sind zum ersten Mal in ihrem Leben nicht nur auf sich selbst gestellt, sondern auch für die Planung zuständig. Die Mehrheit entscheidet sich, zusammen mit anderen wegzufahren. So bilden sich kleine

Gruppen mit einer erwachsenen Begleitung, die für die Sicherheit sorgt, jedoch in der Regel nicht in die Abläufe eingreift.

Wieder zu Hause, präsentiert eine Gruppe von Kindern einen Film über drei Wochen Wanderschaft in Richtung Nordsee. Die Füße schmerzten, der Weg war lang, doch alle sind stolz darauf, dass sie ihr Ziel erreicht haben. Sie haben die Aufgabe bestanden, obwohl sie manchmal kurz davor waren, aufzugeben. An die eigenen Grenzen zu stoßen – auch das gehört zu einer Herausforderung.

Voraussetzungen dafür, dass Geld für Kinder kein Rätsel ist

Kinder brauchen Eltern, die
> authentisch sind,
> unbewusste Prägungen (auch generationsübergreifend) aufbrechen,
> ihnen Einblick in die Höhen und Tiefen des Alltags gewähren,
> ihnen auch dann vertrauen, wenn es sie selbst Überwindung kostet,
> Gefühle zulassen, die eigenen und die ihrer Kinder,
> sie auf das Leben vorbereiten, indem sie ihnen Freiräume zum Ausprobieren ermöglichen.

Kinder sollten
> nichts erraten oder entschlüsseln müssen,
> negative Verhaltensgewohnheiten erkennen und vermeiden können,
> viele, viele Erfahrungen sammeln und lernen,
> früh Routinen entwickeln,
> echte Verantwortung übernehmen,
> auf diese Weise Sicherheit gewinnen und Selbstbewusstsein entwickeln (Resilienz),
> besser auf Brüche, Unsicherheiten und Krisen vorbereitet sein.

Kinder und ihre Erfolge
Den 13-jährigen Niklas lerne ich in der Evangelischen Schule Berlin Zentrum kennen. Er ist eines der Kinder, die drei Wochen lang in einer Gruppe außerhalb Berlins unterwegs waren, um sich ihren Herausforderungen zu stellen (vgl. Ende des vorherigen Kapitels).

Niklas erzählt mir völlig bescheiden, dass er jeden Sonntag mit seinem Vater zusammen Brötchen backt und diese dann in der Nachbarschaft verkauft. Ich horche auf. Jeden Sonntag? Wie muss ich mir das vorstellen? Niklas klingt nicht wie jemand, der viel und gerne über seine „Geschäfte" redet. Er ist diesbezüglich sehr zurückhaltend. Daher beschließe ich, mir die ganze Sache mal an einem Sonntag anzuschauen.

Alles, was ich habe, ist eine Adresse, keine Telefonnummer, keine E-Mail-Adresse, kein Familienname. Komisch heutzutage, denke ich, einfach loszufahren, ohne sich vorher noch mal Zeit und Ort durch die Eltern bestätigen zu lassen. Ab 9.30 Uhr seien die Brötchen fertig, hieß es nur. Kannst kommen.

Ich kann Niklas schon durch das Fenster sehen, als ich mit meinem Fahrrad in seine Straße einbiege. Es ist sehr ruhig so früh am Sonntagmorgen. Und ich treffe auf Vater und Sohn, die ohne viele Worte wissen, was sie tun. Der junge Bäckermeister erzählt mir, wie es überhaupt zu dieser Idee kam und wie es immer mehr wurde. Jetzt verdient er regelmäßig Geld, hat aber noch keinen Plan, was er damit machen möchte. Er spart und ist grundsätzlich sehr bescheiden. Materiell scheint er nicht viel zu vermissen.

Ich bekomme meine Brötchen und der Rest wird in einen größeren Korb gelegt, mit einem Tuch drüber, so wie bei Astrid Lindgren. Dann zieht Niklas los. „Nein, einen Stand gibt es nicht", sagt er noch. Er geht jetzt von Haus zu Haus, von Wohnung zu Wohnung und verkauft seine Brötchen. Zurückkommen wird er mit leerem Korb und einer Holzschachtel voller Kleingeld. Die Ausgaben für Hefe, Mehl und Körner muss er noch abziehen, da bleibt die Hälfte für ihn als Gewinn übrig. Strom und Papas Hilfe kosten ihn nichts.

Das alles erzählt mir Vater Lars, während wir Niklas hinterherschauen und noch ein bisschen reden. „Ach", sagt er, „eigentlich geht es bei Niklas gar nicht so sehr ums Geld. Klar ist es schön, dass er Geld verdient und den Wert des Geldes für sich kennenlernt. Ebenso toll ist es, dass er mit viel Begeisterung und vor allem Einsatz dabei ist. Schließlich kommt es immer mal wieder vor, dass er am Samstag bei Freunden ist und da übernachten will. Bisher aber nimmt er seinen Job sehr ernst, denn die Nachbarn verlassen sich mittlerweile auf diesen tollen Brötchenservice am Sonntag. Für mich ist es schön zu sehen, wie unser eher stiller Junge, dem die Erfolge in der Schule nicht wirklich zufliegen, angefangen hat, sich in dieser neuen Nachbarschaft zurechtzufinden. Er hat es ganz alleine geschafft, die Menschen anzusprechen und für sein Produkt und seinen Brötchendienst zu werben. Mit jedem Einzelnen hat er geredet, überall geklingelt. Sein größerer Bruder kommt und geht und kennt hier niemanden. Niklas wird von allen freundlich gegrüßt und sie reden miteinander. Diese Anerkennung tut ihm gut, und das spüre ich. Und das hat er ganz alleine geschafft. Ich stehe hier nur in der Küche."

Kinder wie Niklas habe ich bisher viele getroffen. Hier sind ihre Erfolge:

› Wolfgang (4 ½): „Heute habe ich mein erstes Taschengeld bekommen."

› Finn (5): „Ich habe gestern 2 Euro auf der Straße gefunden."

› Lisa (6): „Heute war ich das erste Mal ganz alleine einkaufen."

› Christoph (8): „Am Wochenende habe ich Opa geholfen, sein Auto zu waschen, das hat ganz schön lange gedauert.

Ich hab' mir aber auch viel Mühe gegeben. Opa hat mich dann zum Eis eingeladen und mir noch 5 Euro gegeben."

› Marie (8): „Heute habe ich dem armen Mann vor dem Supermarkt 1 Euro von meinem Taschengeld geschenkt."

› Nora (8): „Alle Mädchen aus meiner Klasse haben schon ein Handy. Da bin ich manchmal ganz schön neidisch."

› Max (9): „In der Schule haben wir heute Waffeln verkauft. Mit den 50 Euro können wir jetzt zwei neue Waffeleisen kaufen und das nächste Mal 100 Euro verdienen. Wir wollen ja den Flüchtlingen in unserer Nachbarschaft helfen."

› Samuel (9): „Wenn ich zehn Minuten bis zum Supermarkt laufe, bekomme ich die Chips viel billiger als bei uns unten im Kiosk."

› Jonathan (10): „Heute haben wir ein Konto für mich eröffnet. Jetzt kann Mama mir mein Taschengeld überweisen. Wie bei einem Erwachsenen!"

› Leander (10): „Alle in meiner Klasse sammeln Fußballkarten. Das ist ganz schön teuer. Ich habe mal im Internet gesucht und da ein Sonderangebot gefunden."

› Matze (10): „Am Montag habe ich mich im Einkaufszentrum verlaufen, das war unheimlich. Aber ich habe einfach eine Frau gefragt, die da an einem Stand Gemüse verkauft hat – und die hat mir gesagt, wie ich zum Ausgang mit der Bushaltestelle finde."

› Katharina (11): „Im Advent sammelt unsere ganze Schule wieder Geschenke für ein Obdachlosenheim, ich hab' auch schon eins gepackt."

› Lilly (11): „Mit vielen Sachen in meinem Zimmer spiele ich überhaupt nicht mehr. Jetzt war ich auf dem Flohmarkt. Den Gewinn habe ich mir mit meinen Eltern geteilt."

› Paula (11): „Vorhin wollte ich im Spielzeugladen was kaufen, mein Geld hat aber nicht gereicht. Mutti hat gesagt, dass sie mir den Rest leiht, aber dann hätte ich Zinsen bei ihr bezahlen müssen. Das will ich nicht, und jetzt warte ich noch zwei Wochen, dann gibt's wieder Taschengeld."
› Sophia (12): „Ich habe mein Handy gestern in der Sporthalle liegen lassen. Heute bin ich dann sofort zum Hausmeister. Zum Glück hat es jemand abgegeben!"
› Basti (12): „Ich habe eine neue Jeans, die war ganz schön teuer. Ich wollte sie aber unbedingt haben. Da habe ich Mama einfach 20 Euro von meinem Geld dazugegeben und wir haben sie zusammen gekauft."
› Paul (12): „Ich bekomme jetzt von meinen Eltern nicht nur Taschengeld, sondern auch Geld, mit dem ich dann Geschenke für Freunde, das Essen für die Schule und den Mitgliedsbeitrag für den Sportverein selbst bezahlen muss. Ich hab' mir eine Liste gemacht, damit ich nichts vergesse. Mama hat gesagt, dass ihr Chef das auch so macht wie ich."
› Tom (13): „An diesem Wochenende habe ich zum ersten Mal unser ganzes Abendessen alleine geplant und dafür eingekauft."
› Sascha (13): „Meine Eltern wollten dieses Jahr mit uns schon wieder an die Ostsee fahren. Dazu habe ich keine Lust mehr. Jetzt planen wir gemeinsam eine Radtour nach Frankreich."
› Mara (13): „Im Radio habe ich gehört, dass Strom immer teurer wird. Jetzt haben meine Eltern und ich geschaut, wie wir Strom sparen können. Ich hab' ihnen gezeigt, dass es da sogar eine App fürs Handy gibt."
› Elias (14): „Eigentlich ist das mit dem vielen Fleisch ganz schön scheiße. Aber gar kein Fleisch, das will ich auch nicht. Im Nachbarort ist ein Bauer, der Würste und Ko-

teletts und so selbst macht, aber das ist halt teurer als im Supermarkt. Ich habe mit Mama und Papa drüber geredet, wir kaufen das ab jetzt da ein – und dafür gibt's eben nicht mehr so viel Fleisch."

› Rosa (15): „Eigentlich hatte ich nicht genug Geld für die tolle neue Jacke. Dann habe ich aber in der Nachbarschaft ein paar Mal auf die kleinen Kinder aufgepasst und mir so das Geld dafür verdient."

› Mimi (16): „Seit einem halben Jahr trage ich zweimal in der Woche Zeitungen aus. Jetzt habe ich mir endlich das neue Smartphone gekauft, was ich schon lange haben wollte."

› Konrad (16): „Am Wochenende habe ich meinen Geburtstag gefeiert. Das war vielleicht teuer! Gut, dass ich vorher schon dafür gespart hatte!"

› Nadine (17): „Bei meiner Lehrstelle verdiene ich mein erstes Geld, das ist ganz schön cool. Ich hab' jetzt mal einen Plan für mich gemacht, was ich davon alles bezahlen muss. Und ich versuche jeden Monat, ein bisschen was übrig zu behalten."

› Bruno (17): „Eigentlich wollte ich von meiner Mutter das Kindergeld haben, das sie vom Staat bekommt. Ich hätte dann alles für mich selbst bezahlt. Aber dann habe ich das mal für mich ausgerechnet – da hätte ich ganz schön draufgelegt. Wir überlegen jetzt beide, wie wir's machen wollen."

› Salome (18): „Die Bank hat mir geschrieben und mir einen Dispokredit gegeben. Aber ich weiß, dass ich da viel zu hohe Zinsen bezahle. Wenn ich also Geld brauche, muss ich das anders machen."

Endnoten

[1] Zur Twitter-Meldung von Naina und der medialen Reaktion darauf vgl. u. a. Padtberg-Kruse, Carola/Laurenz, Nike. *Alltagswissen von Schülern.*

[2] Kopp, Angelika. *Tom streicht den Zaun*; vgl. auch: Twain, Mark. *Tom Sawyers Abenteuer.*

[3] Inkiow, Dimiter/Rettich, Rolf. *Was kostet die Welt?*

[4] Ich beziehe mich hier auf die negativen Erfahrungen, die Menschen gemacht haben. Selbstverständlich gibt es sehr viele Menschen in Deutschland, die von guten Erfahrungen berichten, die schon als Kinder offen von ihren Eltern in die Thematik einbezogen wurden. Ihnen fällt es leichter, über Geld zu sprechen sowie kreativ und selbstbewusst mit dem Thema umzugehen. Es sind eher die negativen Verknüpfungen, die dazu führen, dass Menschen sich mit dem Thema Geld schwertun.

[5] Borgstedt, Silke/Wippermann, Carsten. *Umgehensweisen von Müttern mit monetären Familienleistungen* – eine Befragung von Müttern nach ihren Vorstellungen, Routinen und Verhaltensmustern im Umgang mit Geld im Alltag.

[6] Darüber, was Werte sind, wie sie auf den Einzelnen, eine Gruppe oder die Gemeinschaft wirken und was für sie charakteristisch ist, gibt es unterschiedliche Theorien in der Philosophie, der Soziologie und der Psychologie. Werte fassen grundsätzlich das zusammen, was „wünschenswert" ist. Vgl. u. a. Standop, Jutta. *Werte-Erziehung.*

[7] Seit Veröffentlichung der 14. Shell Jugendstudie *Jugend 2002* wird von einem „Wertecocktail" gesprochen, den sich Jugendliche aus unterschiedlichen Werten und Zielvorstellungen „zusammenmixen".

[8] Bereits in den 1970er-Jahren wurde darüber diskutiert, ob und wie materieller Wohlstand und die Ausrichtung auf materielle beziehungsweise immaterielle Werte miteinander in Beziehung stehen: Nimmt bei steigendem Wohlstand das Streben nach materiellen Werten ab und nach postmateriellen Werten zu? Vgl. hierzu Inglehart, Ronald. *The Silent Revolution.*

[9] Vgl. u. a. Scheuer, Angelika. *Wertorientierungen, Ansprüche und Erwartungen.*

[10] „Unter persönlicher Verantwortung ist in diesem Kontext natürlich die Fähigkeit und der Wille des einzelnen Menschen [gemeint], die Verantwortung für seine Integrität, sein Handeln und die kleinen und großen Lebensentscheidungen zu übernehmen, die daraus folgen." (Juul, Jesper/Jensen, Helle. *Vom Gehorsam zur Verantwortung.*) Vgl. hierzu auch: Thiele-Wittig, Maria. *Kompetent im Alltag.*

[11] Der jährlich erscheinende *SchuldnerAtlas Deutschland* stellt fest, dass die Zahl der überschuldeten Jugendlichen seit 2004 kontinuierlich zugenommen hat, wenngleich der Trend mittlerweile etwas rückläufig ist. Entwarnung wird allerdings noch nicht gegeben.

[12] Rauschenbach, Thomas. *Im Schatten der formalen Bildung.*

[13] Vgl. hierzu u. a. Tough, Paul. *Die Chancen unserer Kinder.*

[14] „Zu entdecken, mit welchen Methoden und Angeboten die Kinder für das Lernen und die kreative Nutzung von Wissen begeistert werden können, müssten Eltern und Lehrer sich selbst begeistern. Nur wer in der Lage ist, sich an den Kindern zu begeistern, wird in der Lage sein, ihnen auch genug Begeisterungs-Doping für ihr Hirn mit auf den weiteren Lebensweg zu geben." (Hüther, Gerald. *Begeisterung ist Doping für Geist und Hirn.*)

[15] Vgl. hierzu Rousseau, Jean-Jacques. *Émile oder Über die Erziehung.*

[16] Vgl. Gudjons, Herbert/Pieper, Marianne/Wagener, Birgit. *Auf meinen Spuren.*

[17] „Sämtliche Bildungsorte und Lernwelten jenseits der Schule oder im Schatten der Schule schrumpfen in Anbetracht der Prägekraft dieser Bildungsinstanz zu marginalen, fast zu vernachlässigenden Bildungsepisoden. [...] Mit dieser Lesart will ich nun keineswegs auch nur ansatzweise den Eindruck erwecken, als wäre Schule in Sachen Kompetenzen unwichtig, als käme ihr keine Schlüsselrolle für das Aufwachsen von Kindern und Jugendlichen zu." (Rauschenbach, Thomas. *Im Schatten der formalen Bildung*, S. 441 f.)

[18] Ebd., S. 445.

[19] Vgl. hierzu u. a. Elschenbroich, Donata. *Weltwissen der Siebenjährigen.*

[20] „Damit Kindern die Chance gegeben werden kann, *Ichkompetenz* (also die Fähigkeit zur Selbstwahrnehmung, Frustrationstoleranz, Einfühlungsvermögen und Selbstvertrauen), *Sozialkompetenz* (wie die Rücksichtnahme und die Toleranz gegenüber anderen sowie soziale Stabilität) und *Sachkompetenz* (nämlich Sinneserfahrungen, Umgang mit Materialien, Sprachkompetenz, Wissensaneignung) zu entwickeln, muss ihr unmittelbarer und ihr weiterer Erfahrungsraum ihnen Anregungen dazu geben. Denn nur in Verbindung von Ich-, Sozial- und Sachkompetenzen sind Kinder in der Lage, sich ihre Umwelt anzueignen und zu meistern." (Conrad, Susanna. *Veränderte Kindheit – andere Kinder – andere Räume – andere Möglichkeiten.*)

[21] „Die Erkenntnis der Faure-Kommission der UNESCO – man sollte wohl eher von einer Schätzung sprechen –, wonach informelles Lernen etwa 70 % aller menschlichen Lernprozesse umfasse, erregt Anfang der 1970er Jahre Aufsehen und wird bis heute häufig zitiert. Die Kommission fordert, dass an dieses Lernen angeschlossen wird und Bedingungen geschaffen werden, die es erleichtern." (Overwien, Bernd. *Informelles Lernen in der internationalen Diskussion.*)

[22] „Gute Finanzentscheidungen mehren im Idealfall das Vermögen, vermeiden Überschuldung, finanzieren den Ruhestand und sichern gegen große Lebensrisiken ab." (Grohmann, Antonia/Menkhoff, Lukas. *Schule, Eltern und finanzielle Bildung bestimmen das Finanzverhalten.*)

[23] Aus der Praxis u. a.: Fellmer, Raphael. *Glücklich ohne Geld!*, aus der Wissenschaft u. a.: Paech, Niko. *Befreiung vom Überfluss.*

[24] Vgl. Felton-Collins, Victoria/Blair Brown, Suzanne. *Paare und Geld*, S. 25.

[25] „Geldmanagement ist keine separate Komponente des Familienmanagements, sondern integraler Bestandteil desselben. Da sich die vielfältigen Anforderungen im Alltag in ständig neuen Kombinationen miteinander verbinden und in Abhängigkeit von strukturellen Einflussgrößen kontinuierlich ihre Gestalt verändern, wird

sehr schnell deutlich, dass die spezifische Umgehensweise mit Geld nicht losgelöst von anderen Familien- und Haushaltsparametern betrachtet werden kann." (Borgstedt, Silke/Wippermann, Carsten. *Umgehensweisen von Müttern mit monetären Familienleistungen*, S. 10.)

[26] „Interessanterweise hat der Bildungshintergrund der Eltern der DIW-Studie zufolge keinen Einfluss auf das spätere Finanzverhalten der Kinder." (Weingartner, Maximilian. *Die Kindheit prägt das Finanzverhalten.*)

[27] Vgl. hierzu Laubstein, Claudia. *Expertise zu „Lebenslagen und Potentialen armer Familien in Berlin" im Auftrage des Berliner Beirats für Familienfragen.*

[28] Vgl. bricklebrit. *Als der Goldesel keine Taler mehr geben wollte ...*; Schneider, Katharina. *Wenn der Goldesel streikt.*

[29] Vgl. hierzu Bock, Petra. *Nimm das Geld und freu dich dran.*

[30] „Nur Verbraucherinnen und Verbraucher mit einer grundlegenden finanziellen Bildung können Finanz- und Konsumentscheidungen abwägen, eigenverantwortlich treffen und die Folgen dieser Entscheidungen abschätzen. Insbesondere junge Menschen und ihre Familien müssen wir dafür sensibilisieren. [...] In den letzten Jahren stellen wir eine wachsende Verschuldung und Überschuldung bei jungen Erwachsenen fest. Gleichzeitig sind Schulden in unserer Gesellschaft immer noch ein Tabuthema. Deshalb ist es wichtig, schon früh mit Kindern über Geld zu sprechen." (Ministerium für Klimaschutz, Umwelt, Landwirtschaft, Natur- und Verbraucherschutz des Landes Nordrhein-Westfalen. *NRW-Aktionswoche Finanzkompetenz geht landesweit mit insgesamt 34 Projekten an den Start.*)

[31] Wirtschaft im Unterricht, Sozioökonomie, Verbraucher- oder Alltagsbildung – über die konkrete Ausrichtung und das Profil von „ökonomischer Bildung" an Schulen gibt es keinen Konsens. Unterschiedliche Auffassungen gibt es hinsichtlich der inhaltlichen Ausrichtung und der Schwerpunktsetzung sowie zur Frage, wer diese Angebote machen darf. Da das Know-how zum Teil fehlt, kommen außerschulische Partner zum Einsatz. Doch welche Ziele verfolgen sie? War es gut, dass die Fast-Food-Kette McDonald's als Partner

des Netzwerkes Verbraucherbildung auftrat, um in Schulen über gesunde Ernährung zu sprechen? (Mittlerweile ist diese Zusammenarbeit beendet.) Wie sieht es mit Partnern aus der Wirtschaft aus? Darüber sind sich die beteiligten Akteure nicht einig – ebenso wenig darüber, ob ökonomische Bildung als Querschnittsthema gelehrt oder als eigenständiges Fach etabliert werden sollte. Grundsätzlich sind aber die Vorbehalte noch sehr groß, die Bedeutung von ökonomischer Bildung überhaupt anzuerkennen. Zur Diskussion vgl. u. a. Retzmann, Thomas (Hrsg.). *Ökonomische Allgemeinbildung in der Sekundarstufe I und Primarstufe*; Spieker, Michael (Hrsg.). *Ökonomische Bildung*.

[32] Watzlawick, Paul/Beavin, Janet H./Jackson, Don D. *Menschliche Kommunikation*.

[33] Vgl. hierzu Schulz von Thun, Friedemann. *Miteinander reden 1*.

[34] „Die Sprache ist die Quelle aller Missverständnisse." (Saint-Exupéry, Antoine de. *Der kleine Prinz*.)

[35] Vgl. Freud, Sigmund. *Totem und Tabu*.

[36] Gottberg, Joachim von. *Grenzen, über die man nicht debattieren muss*, S. 25.

[37] Ebd., S. 26.

[38] „Dem Kind wird nicht erklärt, warum man das nicht macht, sondern die Reaktion ist: ‚Pfui, das macht man nicht!' Oder: ‚Lass das sein! Was sollen die Leute von dir denken!' Das Kind ist in dem Moment der Tabubrecher, der selbst tabuisiert und somit negativ markiert und ausgegrenzt wird. Auf diesem Weg erlernt es das gewünschte Verhalten äußerst effektiv, indem die Grenze internalisiert wird. Das Kind wird so etwas nicht mehr tun." (Ebd., S. 26.)

[39] „Während die Makro-Ökonomie ohne Einschränkungen ins Gespräch gebracht werden darf, wird über die Fragen der Mikro-Ökonomie nur privat und im Geheimen gewispert." (Felton-Collins, Victoria/Blair Brown, Suzanne. *Paare und Geld*, S. 87.) „Es wird […] sehr wohl über Geld gesprochen, allerdings bleiben das ‚eigene Geld' und die Art und Weise des konstruktiven Umgangs mit diesem außen vor, selbst im privaten Bereich, erst recht im Bekannten- und Kollegenkreis." (Hradil, Stefan. *Wie gehen die Deutschen mit Geld um?*, S. 37.)

[40] „Tabus werden innerhalb einer Gesellschaft oder Gemeinschaft als Selbstverständlichkeiten empfunden, die das soziale Miteinander jenseits von Gesetzen und Verordnungen regeln. Sie dienen dazu, Grenzen abzustecken, Autoritäten anzuerkennen und Verhaltensregeln einzuüben, die das Zusammenleben ermöglichen und den Gruppenzusammenhalt gewährleisten." (Walther, Daniela. *Tabus: „Schutzfunktion für einen bestimmten seelischen Haushalt".*) Vgl. auch *Die Psychologie des Geldes*. Diese Studie kommt zu dem Ergebnis, dass die Belegung des Geldes mit einem Tabu die Ursache dafür ist, dass sich viele Menschen zu wenig mit Geld beschäftigen.

[41] Vgl. Täubner, Mischa. *Geld und Persönlichkeit*.

[42] „Das Thema ‚persönliche Finanzen' muss aus dem gesellschaftlichen Schattendasein herausgeführt werden", wurde Stefan Hradil, Professor für Soziologie an der Universität Mainz, bereits 2004 in einem Artikel der Frankfurter Allgemeinen Zeitung zitiert. „Es müsse selbstverständlicher Bestandteil der Alltagskultur werden, über Geld zu reden – auch über das eigene. Dazu sei es notwendig, das Thema in Familie, Schule und Öffentlichkeit immer wieder offen und kompetent anzusprechen." (*Für viele Deutsche ist das Thema Geld tabu.*)

[43] Vgl. Bönig, Jürgen. *Zur Geschichte der Kinderarbeit in Deutschland und Europa*.

[44] „Hier [in Deutschland] war der sozialverantwortliche Umgang mit Geld – die Anhäufung von Notgroschen – Erziehungsmaxime. Pädagogik bestand auf der sittlichen Wirkung des Sparens und des Konsumverzichts bei jungen Menschen." (Feil, Christine. *Mythen und Fakten zur Kommerzialisierung der Kindheit*, S. 37.)

[45] „Verglichen mit anderen Nationen haben die Deutschen einen ausgeprägten Hang zur Sparsamkeit, zumindest was ihre Normen und Einstellungen betrifft. Diese Neigung ist zwar zurückgegangen, aber im internationalen Vergleich immer noch stark ausgeprägt." (Hradil, Stefan. *Wie gehen die Deutschen mit Geld um?*, S. 35.)

[46] Feil, Christine. *Mythen und Fakten zur Kommerzialisierung der Kindheit*, S. 38.

[47] Vgl. hierzu u. a. Oelkers, Jürgen. *Kindheit – Glück – Kommerz*; Conrad, Susanna. *Veränderte Kindheit – andere Kinder – andere Räume – andere Möglichkeiten.*

[48] Vgl. Statistisches Bundesamt/Wissenschaftszentrum Berlin für Sozialforschung (Hrsg.). *Datenreport 2013.*

[49] Abhängig vom Alter des jüngsten Kindes und vom Familienstatus, vgl. ebd., S. 54 ff.

[50] Engelbrecht, Gerhard/Gruber, Hannelore/Jungkunst, Maria. *Erwerbsorientierung und Erwerbstätigkeit ost- und westdeutscher Frauen unter veränderten gesellschaftlichen Rahmenbedingungen*, S. 152 ff.

[51] Vgl. u. a. Saalfrank, Katharina. *Du bist ok, so wie du bist*; Gatscha-Berger, Angela. *Kindheit und Erziehung im Wandel der Zeit.*

[52] Vgl. u. a. Walper, Sabine/Bien, Walter/Rauschenbach, Thomas (Hrsg.). *Aufwachsen in Deutschland heute.*

[53] „Auch die Bedeutung des Kindes für die Familie erfuhr einen Wertewandel. Das Kind entwickelte sich von einem materiellen Wert für die Familie (als Altersversorgung, Mitverdiener, Unterstützer im elterlichen Betrieb oder Geschäft usw.) hin zu einem immateriellen Wert für die Familie. Nun werden mit dem Kind Sinngebung, Glück und Lebenserfüllung verbunden. Die Folge ist häufig eine überaus starke Kindzentrierung innerhalb der Familie […]." (Conrad, Susanna. *Veränderte Kindheit – andere Kinder – andere Räume – andere Möglichkeiten.*) Vgl. auch Leyendecker, Birgit/Drießen, Ricarda. *Erziehungsvorstellungen von jungen Eltern.*

[54] „Das Kind im Mittelpunkt der Familie kommt in die Rolle des Glückserfüllers und muss zum Erfolg werden." (Henry-Huthmacher, Christine. *Einleitung*, S. 4.) Vgl. auch Feil, Christine. *Mythen und Fakten zur Kommerzialisierung der Kindheit*, S. 34.

[55] Vgl. Unverzagt, Gerlinde/Hurrelmann, Klaus. *Konsum-Kinder*, S. 85 f.

[56] Eine Ausnahme stellt der sogenannte Taschengeldparagraph dar, der erlaubt, dass Kinder in einem gewissen Umfang ihr von

den Eltern gezahltes Taschengeld selbstständig ausgeben dürfen (Bürgerliches Gesetzbuch, § 110). Kinder unter sieben Jahren sind nicht geschäftsfähig.

[57] Vgl. Viacom International Media Networks. *„Little Big Influencers" – Viacom International Media Networks stellt neue Studie zum Einfluss von Kindern auf Kaufentscheidungen vor.*

[58] Vgl. u. a. Sekretariat der Ständigen Konferenz der Kultusminister der Länder in der Bundesrepublik Deutschland. *Verbraucherbildung an Schulen*; Schlegel-Matthies, Kirsten. *Vermittlung von Konsum- und Finanzkompetenzen für Kinder und Jugendliche.*

[59] „In den Augen des Kindes, das Sie waren, waren das nicht einfach die Ansichten fehlbarer Sterblicher darüber, wie die Welt funktioniert. Sie hätten den Botschaften, die Sie in diesen trauten Gesprächen mit Mama und Papa empfangen haben, nicht tiefer vertrauen können, wenn Gott selbst sie auf Tafeln aus Stein eingegraben hätte. […] Da es uns an umfassenden Informationen darüber, wie die Welt funktioniert, fehlt, schreiben wir den mächtigsten Menschen um uns herum – den Eltern – Autorität, sogar Göttlichkeit zu." (Felton-Collins, Victoria/Blair Brown, Suzanne. *Paare und Geld*, S. 26 f.)

[60] „Die Sache wird sogar noch komplizierter dadurch, dass Ihnen die meisten Ihrer Geld-Überzeugungen non-verbal übermittelt wurden, und zwar durch die stillschweigende, ungeschriebene Etikette des häuslichen Finanzlebens, die Sie als Kind beobachtet haben." (Ebd., S. 27.)

[61] Vgl. hierzu Groß, Eberhard. *Geld in Kinderhänden*, S. 96 f.

[62] Shabecoff, Alice. *Der Gehorsam steht an erster Stelle.*

[63] Vgl. u. a. Garsoffky, Susanne/Sembach, Britta. *Die Alles ist möglich-Lüge.*

[64] „Das öffentliche Bild der ‚guten Erziehung' ist mit den neuen, kommerziellen Realitäten nicht zu vereinbaren. Das Bild unterstellt Selbstlosigkeit ebenso wie grenzenlose Belastungsfähigkeit, also die beiden hauptsächlichen Ursachen für das permanent schlechte Gewissen." (Oelkers, Jürgen. *Erziehung als Verhandlung*, S. 49.) Vgl. auch Lewicki, Marie-Luise/Greiner-Zwarg, Claudia. *Ansprüche ans Elternsein.*

⁶⁵ „Die Multioptionsgesellschaft mit ihrem Versprechen ‚alles ist möglich' bietet nicht nur eine unüberschaubare Palette von Möglichkeiten, sondern gibt den Eltern gleichzeitig das Diktat der Machbarkeit mit an die Hand." (Henry-Huthmacher, Christine. *Einleitung*, S. 3.)

⁶⁶ Vgl. Wergin, Clemens. *Die hysterische Kultur des Nanny-Staats USA.*

⁶⁷ Vgl. u. a. Nawroth, Götz. *Die zwanghafte perfekte Erziehung*; Schmieder, Jürgen/Jakat, Lena. *Kinder, bleibt im Haus!*

⁶⁸ Die Rolle der Medien ist heutzutage nicht unbedeutend. Ständig bekommen wir mit, ob irgendwo ein Kind entführt wurde, ein Mensch getötet oder ein Flugzeug abgestürzt ist. Besonders wurde mir dieses Phänomen bewusst, als sogar die Bild-Zeitung von einem Vorfall an der Schule meines Sohnes berichtete. Ein paar 16-Jährige spielten einige Freitage in Folge auf der Straße eine Art kreatives Trinkspiel – oder anders ausgedrückt: Sie tranken nach Schulschluss ein Bier. In meiner Jugend hätte das keinen Lokalreporter auch nur eine Sekunde lang beschäftigt. Vgl. hierzu Colmenares, Katja/Keim, Karl. *Kaum ist die Schule aus, wird in Pankow gesoffen.*

⁶⁹ „Immer dann, wenn Menschen daran gehindert werden, etwas zu tun, was sie selbst tun könnten oder sollten, [...] schadet dies einem Menschen zeitlebens." (Wunsch, Albert. *Die Verwöhnungsfalle*, S. 22.)

⁷⁰ Balzer, Vladimir/Rahmlow, Axel. *„Es ist eine Illusion, sein Kind schützen zu können."*

⁷¹ Wunderbare Anregungen für Eltern und Kinder liefert dieses Buch: Leitzgen, Anke/Grotrian, Gesine. *Bäng! 60 gefährliche Dinge, die mutig machen.*

⁷² Vgl. u. a. Felton-Collins, Victoria/Blair Brown, Suzanne. *Paare und Geld*, S. 20 f.

⁷³ Täubner, Mischa. *Geld und Persönlichkeit.*

⁷⁴ Vgl. Breuer, Helmut. *Vom Umgang mit Geld*, S. 15.

⁷⁵ Vgl. hierzu u. a. Ariely, Dan. *Fühlen nützt nichts, hilft aber.*

[76] Dieser Satz war meist von der Überzeugung geleitet, dass man etwas eben nicht tat, weil es nicht üblich war. Jesper Juul schreibt dazu: „Für die Generation meiner Eltern war dieses Wissen um das ‚richtige' Verhalten eine große Stütze. Es wurde zusätzlich abgesichert durch die feste Überzeugung, dass man vom ‚richtigen' Verhalten keinesfalls abweichen durfte." (*Was Familien trägt*, S. 9.)

[77] S. 8.

[78] 6,7 Millionen Deutsche über 18 Jahren waren 2015 sogar überschuldet, vgl. Binder, Evelyn. *Mehr Rentner überschuldet.*

[79] Von insgesamt 6,67 Millionen überschuldeten Personen in Deutschland sind 1,69 Millionen jünger als 30 Jahre. 2015 betrug die Schuldnerquote in dieser Altersgruppe 14,86 %. Zwar war der Trend in den letzten Jahren leicht rückläufig, bleibt aber virulent. (Vgl. Verband der Vereine Creditreform e. V. *SchuldnerAtlas Deutschland, Jahr 2015*, S. 30 f.)

[80] *bricklebrit* ist Mitglied im Präventionsnetzwerk Finanzkompetenz e. V. (www.praeventionsnetzwerk-finanzkompetenz.de), einem Zusammenschluss von Organisationen und Personen, die in der Prävention tätig sind, so auch viele Schuldnerberatungsstellen der Wohlfahrtsverbände.

[81] Vgl. Bodinek, Charlotte. *Jugendverschuldung.*

[82] Vgl. Raab, Gerhard. *Ich kaufe, also bin ich.*

[83] Ebd.

[84] Vgl. hierzu u. a. Bankenverband/Gesellschaft für Konsumforschung (Hrsg.). *Jugendstudie 2015.*

[85] „Offenheit ist etwas, was vorsichtig erworben und gelernt werden muss." (Ruth Cohen, zitiert nach Schulz von Thun, Friedemann. *Miteinander reden 1*, S. 120.)

[86] Valentin, Lienhard. *Achtsame Kommunikation mit Kindern.*

[87] Vgl. u. a. Schneider, Norbert F./Diabaté, Sabine/Ruckdeschel, Kerstin (Hrsg.). *Familienleitbilder in Deutschland.*

[88] Vgl. hierzu Gudjons, Herbert/Pieper, Marianne/Wagener, Birgit. *Auf meinen Spuren.*

[89] Vgl. u. a. Oberhuber, Nadine. *Die Liebe und das liebe Geld.*

[90] Krappmann, Lothar. *Kompetenzförderung im Kindesalter*, S. 18.

[91] „Unter Bedingungen, unter denen die Familie in der Lage ist, ihren Alltag konstruktiv zu gestalten, kann sie von der Bewusstmachung […] lernen, wie man den Alltag kompetent gestaltet." (Ebd., S. 19.)

[92] Vgl. hierzu Oelkers, Jürgen. *Erziehung als Verhandlung*, S. 49.

[93] Vgl. Unverzagt, Gerlinde. *Kinder und Konsum*, S. 19.

[94] „Glücklich sollen sie sein, und zwar jetzt gleich. Ohne auf die Erfüllung drängender Wünsche quälend lange warten zu müssen oder am Ende sogar verkraften zu müssen, dass ein Wunsch unerfüllt bleibt, weil das Geld dafür fehlt. Da wir selbst Geld und Glück immer öfter miteinander verwechseln, finden wir es nur logisch, für unsere Kinder viel Geld auszugeben." (Ebd.)

[95] „Eine Emotion ist beispielsweise die Freude. Wenn wir Freude empfinden, fühlen wir uns gut (Gefühl), beispielsweise weil wir ein Geschenk bekommen haben (Anlass), das uns gefällt (Bewertung des Erlebten). Dies zeigt sich dann z. B. in einem Kribbeln (körperliche Reaktion) und strahlenden Lächeln (Emotionsausdruck)." (Frech, Verena. *„Erkennen, fühlen, benennen …"*)

[96] Vgl. Jungmann, Tanja/Koch, Katja/Schulz, Andrea. *Überall stecken Gefühle drin*.

[97] Vgl. Fredrickson, Barbara. *Die Macht der guten Gefühle*, S. 18.

[98] Vgl. Bürgel, Ilona. *Wie negative Gefühle das Hirn vernebeln*.

[99] Vgl. Commerzbank. *Hemmschwellen beim Thema Geld*. Die Studie kommt auch zu folgender interessanter Erkenntnis: „So empfinden es Menschen als unangenehm, offen über Geld zu reden. Insbesondere das Reden über zu wenig Geld löst bei vielen Schamgefühle aus."

[100] Vgl. *Deutsche bekommen beim Thema Geld „schlechte Laune"*.

[101] „Man könnte sagen: Geld kapselt ab, macht autonom, ja Geld macht tendenziell asozial. Und warum eigentlich auch nicht? Wer Geld hat, ist ja auch weniger auf die Gunst seiner Mitmenschen angewiesen. […] Sobald man etwas von seiner sozialen Umwelt braucht, muss man seine Mitmenschen nicht umständlich darum bitten – man kann es sich, zumindest in unserer Gesellschaft, ein-

fach kaufen. [...] Zugespitzt formuliert: Wer Geld hat, kann es sich leisten, etwas asozial zu sein." (Kast, Bas. *Ich weiß nicht, was ich wollen soll*, S. 126 f.)

[102] Diese Elternsprüche wurden gesammelt von der Gruppe K.R.Ä.T.Z.Ä. in Berlin-Prenzlauer Berg. Vgl. auch Schmidt, Walter. *Solange du deine Füße ...*

[103] Vgl. hierzu Wertfein, Monika. *Emotionale Entwicklung von Anfang an.*

[104] Vgl. *Experteninterview mit Dr. Angelika Faas.*

[105] Vgl. Juul, Jesper. *4 Werte, die Kinder ein Leben lang tragen*, S. 42.

[106] Vgl. hierzu u. a. Rosenberg, Marshall B. *Erziehung, die das Leben bereichert.*

[107] Vgl. hierzu u. a. Blank-Mathieu, Margarete. *Werteerziehung in Kindertageseinrichtungen.*

[108] Vgl. hierzu *GEOlino-UNICEF-Kinderwertemonitor 2014.*

[109] Vgl. u. a. Maslow, Abraham H. *Motivation und Persönlichkeit.*

[110] „Die Idee des ‚Glücks' der Kinder hat sich auf dieser Linie mindestens in Teilen kommerzialisiert. Das kommt dem Materialismus der Kinder entgegen, aber widerspricht auf eklatante Weise den Erziehungserwartungen. Sie orientieren sich, mindestens offiziell, an immateriellen Werten, die unabhängig davon gelten sollen, was die Praxis bestimmt. Heutige Eltern sind daher oft in Double-bind-Situationen: Sie müssen bekämpfen, was sie befördern, oder negieren, was den Alltag ausmacht. [...] Niemand gibt den tatsächlichen Fernsehkonsum der eigenen Kinder zu, und niemand verteidigt offensiv den Konsum an Süßigkeiten, weil immer im Hintergrund steht, dass zu viel Fernsehen ebenso schädlich ist wie zu viel Zucker. Es gibt aber kein definitives Optimum, die zulässige Mitte muss individuell und privat bestimmt werden – in ständiger Auseinandersetzung mit den Kindern." (Oelkers, Jürgen. *Erziehung als Verhandlung*, S. 47 f.)

[111] „Sicher legen Kinder in bestimmten Altersstufen einen ungeheuren Wert auf Geld, aber sie lieben einen Menschen für das, was er ist und was sie mit ihm zusammen erleben, und nicht wegen sei-

ner Bereitschaft, für eine hippe Jeans zwei große Scheine hinzublättern – auch wenn es manchmal so aussieht. Dass man auch auf andere Weise zum Wohlbefinden beitragen kann als mit seinem Geld, ist eine schlichte Wahrheit, die leicht in Vergessenheit gerät, wenn sich alles nur ums Kaufen dreht. Eltern wissen das: Sie haben die Erfahrung schließlich schon gemacht, dass ein Baby kein Bankkonto besitzt und trotzdem die wichtigste Person im Haus ist." (Unverzagt, Gerlinde. *Kinder und Konsum*, S. 26.)

[112] K., Naina. *Uff. Und was machen wir jetzt?*

[113] Ebd.

[114] Laut Verhaltensökonomie, die sich als Gegenpol zur Rational-Choice-Theorie herausgebildet hat; vgl. u. a. Ariely, Dan. *Denken hilft zwar, nützt aber nichts.*

[115] „Mit der Taschengeldgewährung demonstrieren Eltern Vertrauen in ihre Kinder. Aufgrund des in sie gesetzten Vertrauens fühlen sich Kinder verantwortlich für das Geld, was zur Folge hat, dass sie sich für ökonomische Zusammenhänge eher interessieren und diese somit eher verstehen als Kinder, die kein Taschengeld erhalten." (Rosendorfer, Tatjana. *Kinder und Geld*, S. 33.)

[116] Vgl. Hradil, Stefan. *Wie gehen die Deutschen mit Geld um?*, S. 38 f.

Literaturverzeichnis

Ariely, Dan. *Denken hilft zwar, nützt aber nichts. Warum wir immer wieder unvernünftige Entscheidungen treffen.* Deutsch von Maria Zybak und Gabriele Gockel. München: Droemer Verlag 2008.

Ariely, Dan. *Fühlen nützt nichts, hilft aber. Warum wir uns immer wieder unvernünftig verhalten.* Deutsch von Gabriele Gockel und Maria Zybak. München: Droemer Verlag 2010.

Balzer, Vladimir/Rahmlow, Axel. *„Es ist eine Illusion, sein Kind schützen zu können." Gesine Grotrian im Gespräch.* Quelle: www.deutschlandradiokultur.de, zuletzt abgerufen am 13.12.2015.

Bankenverband/Gesellschaft für Konsumforschung (Hrsg.). *Jugendstudie 2015. Wirtschaftsverständnis, Finanzkultur, Digitalisierung.* Quelle: bankenverband.de, zuletzt abgerufen am 13.12.2015.

Binder, Evelyn. *Mehr Rentner überschuldet.* Quelle: www.fr-online.de, zuletzt abgerufen am 10.12.2015.

Blank-Mathieu, Margarete. *Werteerziehung in Kindertageseinrichtungen.* Quelle: www.kindergartenpaedagogik.de, zuletzt abgerufen am 12.12.2015.

Bock, Petra. *Nimm das Geld und freu dich dran. Wie Sie ein gutes Verhältnis zu Geld bekommen.* München: Kösel-Verlag 2009, 2. Auflage.

Bodinek, Charlotte. *Jugendverschuldung. „Oft fehlt das längerfristige Denken".* Quelle: www.bbx.de, zuletzt abgerufen am 10.12.2015.

Bönig, Jürgen. *Zur Geschichte der Kinderarbeit in Deutschland und Europa.* In: Aus Politik und Zeitgeschichte 43/2012, S. 3–9.

Borgstedt, Silke/Wippermann, Carsten. *Umgehensweisen von Müttern mit monetären Familienleistungen. Zielgruppentypologie auf Basis einer quantitativen Grundlagenstudie.* Heidelberg: Sinus Sociovision GmbH 2010.

Breuer, Helmut. *Vom Umgang mit Geld. Ein Kapitel Familienerziehung.* Berlin: Volk und Wissen Verlag 1985.

bricklebrit. *Als der Goldesel keine Taler mehr geben wollte ...* Berlin: Selbstverlag 2013.

Bürgel, Ilona. *Wie negative Gefühle das Hirn vernebeln.* Quelle: www.wiwo.de, zuletzt abgerufen am 11.12.2015.

Colmenares, Katja/Keim, Karl. *Kaum ist die Schule aus, wird in Pankow gesoffen.* Quelle: www.bild.de, zuletzt abgerufen am 09.12.2015.

Commerzbank. *Hemmschwellen beim Thema Geld.* Quelle: www.commerzbank.de, zuletzt abgerufen am 11.12.2015.

Conrad, Susanna. *Veränderte Kindheit – andere Kinder – andere Räume – andere Möglichkeiten.* Quelle: www.kindergartenpaedagogik.de, zuletzt abgerufen am 14.12.2015.

Deutsche bekommen beim Thema Geld „schlechte Laune". Quelle: www.handelsblatt.com, zuletzt abgerufen am 11.12.2015.

Die Psychologie des Geldes. Qualitative Studie für die Commerzbank AG. Heidelberg: Sinus Sociovision GmbH 2004.

Elschenbroich, Donata. *Weltwissen der Siebenjährigen: Wie Kinder die Welt entdecken können.* München: Verlag Antje Kunstmann 2003.

Engelbrecht, Gerhard/Gruber, Hannelore/Jungkunst, Maria. *Erwerbsorientierung und Erwerbstätigkeit ost- und westdeutscher Frauen unter veränderten gesellschaftlichen Rahmenbedingungen.* In: Mitteilungen aus der Arbeitsmarkt- und Berufsforschung 1/1997, S. 150–169.

Experteninterview mit Dr. Angelika Faas: Wie Kinder Gefühle leben lernen. Quelle: www.familie.de, zuletzt abgerufen am 12.12.2015.

Feil, Christine. *Mythen und Fakten zur Kommerzialisierung der Kindheit.* In: Zeitschrift für Soziologie der Erziehung und Sozialisation 1/2004, S. 33–48.

Fellmer, Raphael. *Glücklich ohne Geld! Wie ich ohne einen Cent besser und ökologischer lebe.* München: Redline Verlag 2013.

Felton-Collins, Victoria/Blair Brown, Suzanne. *Paare und Geld. Hört beim Geld die Liebe auf?* Deutsch von Anke Grube. Hamburg: Ernst Kabel Verlag 1992.

Frech, Verena. *„Erkennen, fühlen, benennen …" Grundlagen der emotionalen Entwicklung im frühen Kindesalter.* Quelle: www.kindergartenpaedagogik.de, zuletzt abgerufen am 11.12.2015.

Fredrickson, Barbara. *Die Macht der guten Gefühle: Wie eine positive Haltung Ihr Leben dauerhaft verändert.* Deutsch von Nicole Hölsken. Frankfurt a. M./New York: Campus Verlag 2011.

Freud, Sigmund. *Totem und Tabu.* Hamburg: Nikol Verlag 2014.

Für viele Deutsche ist das Thema Geld tabu. Quelle: www.faz.net, zuletzt abgerufen am 13.12.2015.

Garsoffky, Susanne/Sembach, Britta. *Die Alles ist möglich-Lüge. Wieso Familie und Beruf nicht zu vereinbaren sind.* München: Pantheon Verlag 2014.

Gatscha-Berger, Angela. *Kindheit und Erziehung im Wandel der Zeit: Die Frage nach der verbleibenden Funktion von Erziehung in der modernen Gesellschaft.* Hamburg: Diplomica Verlag 2015.

GEOlino-UNICEF-Kinderwertemonitor 2014. Quelle: www.unicef.de, zuletzt abgerufen am 13.12.2015.

Gottberg, Joachim von. *Grenzen, über die man nicht debattieren muss. Tabus als gesellschaftliche Orientierungshilfe*. Gespräch mit Hartmut Schröder. In: tv diskurs 4/2010, S. 24–29.

Grohmann, Antonia/Menkhoff, Lukas. *Schule, Eltern und finanzielle Bildung bestimmen das Finanzverhalten*. In: DIW Wochenbericht 28/2015, S. 655–661.

Groß, Eberhard. *Geld in Kinderhänden. Empirische Voraussetzungen einer allgemeinbildenden Wirtschaftserziehung*. Stuttgart: Ernst Klett Verlag 1966.

Gudjons, Herbert/Pieper, Marianne/Wagener, Birgit. *Auf meinen Spuren. Das Entdecken der eigenen Lebensgeschichte*. Hamburg: Bergmann + Helbig Verlag 1999, 5. Auflage.

Henry-Huthmacher, Christine. *Einleitung*. In: Henry-Huthmacher, Christine/Hoffmann, Elisabeth (Hrsg.). *Wenn Eltern nur das Beste wollen. Ergebnisse einer Expertenrunde der Konrad-Adenauer-Stiftung*. Sankt Augustin: Konrad-Adenauer-Stiftung 2010, S. 3–5.

Hradil, Stefan. *Wie gehen die Deutschen mit Geld um?* In: Aus Politik und Zeitgeschichte 26/2009, S. 33–39.

Hurrelmann, Klaus/Albrecht, Erik. *Die heimlichen Revolutionäre. Wie die Generation Y unsere Welt verändert*. Weinheim/Basel: Beltz Verlag 2014.

Hüther, Gerald. *Begeisterung ist Doping für Geist und Hirn*. Quelle: www.gerald-huether.de, zuletzt abgerufen am 04.12.2015.

Inglehart, Ronald. *The Silent Revolution: Changing Values and Political Styles among Western Publics*. Princeton: Princeton University Press 1977.

Inkiow, Dimiter/Rettich, Rolf. *Was kostet die Welt? Geschichten ums Geld*. Zürich/Schwäbisch Hall: Orell Füssli Verlag 1986.

Jugend 2002. 14. Shell Jugendstudie. Frankfurt a. M.: Fischer Taschenbuch Verlag 2002.

Jungmann, Tanja/Koch, Katja/Schulz, Andrea. *Überall stecken Gefühle drin: Alltagsintegrierte Förderung emotionaler und sozialer Kompetenzen für 3- bis 6-jährige Kinder*. München: Ernst Reinhardt Verlag 2015.

Juul, Jesper. *4 Werte, die Kinder ein Leben lang tragen*. München: Gräfe und Unzer Verlag 2012.

Juul, Jesper. *Was Familien trägt. Werte in Erziehung und Partnerschaft. Ein Orientierungsbuch*. München: Kösel-Verlag 2006.

Juul, Jesper/Jensen, Helle. *Vom Gehorsam zur Verantwortung. Für eine neue Erziehungskultur*. Weinheim/Basel: Beltz Verlag 2005.

K., Naina. *Uff. Und was machen wir jetzt?* Quelle: www.zeit.de, zuletzt abgerufen am 10.12.2015.

Kast, Bas. *Ich weiß nicht, was ich wollen soll. Warum wir uns so schwer entscheiden können und wo das Glück zu finden ist*. Frankfurt a. M.: Fischer Taschenbuch Verlag 2013.

Kiyosaki, Robert T. *Rich dad, poor dad. Was die Reichen ihren Kindern über Geld beibringen*. Deutsch von Tamara Kailuweit, Monika Lubitz und Svenja Schickler. München: FinanzBuch Verlag 2015, 2. Auflage.

Kopp, Angelika. *Tom streicht den Zaun*. Quelle: www.labbe.de, zuletzt abgerufen am 12.12.2015.

Krappmann, Lothar. *Kompetenzförderung im Kindesalter*. In: Aus Politik und Zeitgeschichte B 9/2003, S. 14–19.

K.R.Ä.T.Z.Ä. *Elternsprüche*. Quelle: kraetzae.de, zuletzt abgerufen am 10.12.2015.

Laubstein, Claudia. *Expertise zu „Lebenslagen und Potentialen armer Familien in Berlin".* Frankfurt a. M.: Institut für Sozialarbeit und Sozialpädagogik e. V. 2014.

Leitzgen, Anke/Grotrian, Gesine. *Bäng! 60 gefährliche Dinge, die mutig machen*. Weinheim: Beltz & Gelberg 2015.

Lewicki, Marie-Luise/Greiner-Zwarg, Claudia. *Ansprüche ans Elternsein. Eine repräsentative forsa-Studie im Auftrag von ELTERN*. Quelle: www.eltern.de, zuletzt abgerufen am 08.12.2015.

Leyendecker, Birgit/Drießen, Ricarda. *Erziehungsvorstellungen von jungen Eltern: Wie soll mein Kind einmal werden?* Quelle: www.academia.edu, zuletzt abgerufen am 08.12.2015.

Märchen der Brüder Grimm. Bilder von Nikolaus Heidelbach. Weinheim/Basel: Beltz Verlag 1995.

Maslow, Abraham H. *Motivation und Persönlichkeit*. Deutsch von Paul Kruntorad. Reinbek: Rowohlt Verlag 1981.

Ministerium für Klimaschutz, Umwelt, Landwirtschaft, Natur- und Verbraucherschutz des Landes Nordrhein-Westfalen. *NRW-Aktionswoche Finanzkompetenz geht landesweit mit insgesamt 34 Projekten an den Start*. Quelle: www.umwelt.nrw.de, zuletzt abgerufen am 15.12.2015.

Mussenbrock, Andreas. *Termin mit Kant. Philosophische Lebensberatung. Wie Philosophie zur Lösung von Alltagsproblemen beitragen kann*. München: Deutscher Taschenbuch Verlag 2013, 3. Auflage.

Nawroth, Götz. *Die zwanghafte perfekte Erziehung*. Ein Interview mit Detlef Träbert. Quelle: www.fr-online.de, zuletzt abgerufen am 09.12.2015.

Oberhuber, Nadine. *Die Liebe und das liebe Geld.* Quelle: www.faz.net, zuletzt abgerufen am 14.12.2015.

Oelkers, Jürgen. *Erziehung als Verhandlung.* In: Henry-Huthmacher, Christine/Hoffmann, Elisabeth (Hrsg.). *Erziehung in der Wohlstandsgesellschaft. Aufwachsen mit Konsum und Medien.* Sankt Augustin/Berlin: Konrad-Adenauer-Stiftung 2013, S. 43–57.

Oelkers, Jürgen. *Kindheit – Glück – Kommerz.* In: Zeitschrift für Pädagogik 4/2002, S. 553–570.

Overwien, Bernd. *Informelles Lernen in der internationalen Diskussion.* Quelle: www.informelles-lernen.de, zuletzt abgerufen am 14.12.2015.

Padtberg-Kruse, Carola/Laurenz, Nike. *Alltagswissen von Schülern: „Ich will lernen, was eine Kreditkarte ist".* Quelle: www.spiegel.de, zuletzt abgerufen am 12.12.2015.

Paech, Niko. *Befreiung vom Überfluss. Auf dem Weg in die Postwachstumsökonomie.* München: oekom verlag 2012.

Piorkowsky, Michael-Burkhard. *Lernen, mit Geld umzugehen.* In: Aus Politik und Zeitgeschichte 26/2009, S. 40–46.

Raab, Gerhard. *Ich kaufe, also bin ich. Jugend zwischen Konsum und Kommerz.* Quelle: www.praeventionsnetzwerk-finanzkompetenz.de, zuletzt abgerufen am 13.12.2015.

Rauschenbach, Thomas. *Betreute Kindheit – neue Debatten, veränderte Realitäten.* Vortrag auf der DJI-Jahrestagung am 9. November 2015 in Berlin. Quelle: www.dji.de, zuletzt abgerufen am 13.12.2015.

Rauschenbach, Thomas. *Im Schatten der formalen Bildung. Alltagsbildung als Schlüsselfrage der Zukunft.* In: Diskurs Kindheits- und Jugendforschung 4/2007, S. 439–453.

Retzmann, Thomas (Hrsg.). *Ökonomische Allgemeinbildung in der Sekundarstufe I und Primarstufe: Konzepte, Analysen, Studien und empirische Befunde.* Schwalbach a. Ts.: Wochenschau Verlag 2014.

Rosenberg, Marshall B. *Erziehung, die das Leben bereichert. Gewaltfreie Kommunikation im Schulalltag.* Deutsch von Theo Kierdorf. Paderborn: Junfermann Verlag 2011.

Rosendorfer, Tatjana. *Kinder und Geld. Gelderziehung in der Familie.* Frankfurt a. M.: Campus Verlag 2000.

Rousseau, Jean-Jacques. *Émile oder Über die Erziehung.* Deutsch von Hermann Denhardt. Köln: Anaconda Verlag 2010.

Saalfrank, Katharina. *Du bist ok, so wie du bist. Das Ende der Erziehung.* Köln: Verlag Kiepenheuer & Witsch 2013.

Saint-Exupéry, Antoine de. *Der kleine Prinz.* Deutsch von Grete und Josef Leitgeb. Düsseldorf: Karl Rauch Verlag 2004, 14. Auflage.

Scheuer, Angelika. *Wertorientierungen, Ansprüche und Erwartungen.* In: Statistisches Bundesamt/Wissenschaftszentrum Berlin für Sozialforschung (Hrsg.). *Datenreport 2013. Ein Sozialbericht für die Bundesrepublik Deutschland.* Bonn: Bundeszentrale für politische Bildung 2013.

Schlegel-Matthies, Kirsten. *Vermittlung von Konsum- und Finanzkompetenzen für Kinder und Jugendliche. Möglichkeiten und Grenzen pädagogischen Handelns.* In: Der pädagogische Blick 2/2007, S. 89–96.

Schmidt, Walter. *Solange du deine Füße ... Was Erziehungsfloskeln über uns verraten.* Köln: Bastei Lübbe 2014.

Schmieder, Jürgen/Jakat, Lena. *Kinder, bleibt im Haus!* Quelle: www.sueddeutsche.de, zuletzt abgerufen am 09.12.2015.

Schneider, Katharina. *Wenn der Goldesel streikt*. Quelle: www.handelsblatt.com, zuletzt abgerufen am 15.12.2015.

Schneider, Norbert F./Diabaté, Sabine/Ruckdeschel, Kerstin (Hrsg.). *Familienleitbilder in Deutschland. Kulturelle Vorstellungen zu Partnerschaft, Elternschaft und Familienleben*. Band 48. Leverkusen-Opladen: Verlag Barbara Budrich 2015.

Schulz von Thun, Friedemann. *Miteinander reden 1. Störungen und Klärungen. Allgemeine Psychologie der Kommunikation*. Reinbek: Rowohlt Taschenbuch Verlag 2010, 48. Auflage.

Sekretariat der Ständigen Konferenz der Kultusminister der Länder in der Bundesrepublik Deutschland. *Verbraucherbildung an Schulen*. Quelle: www.kmk.org, zuletzt abgerufen am 08.12.2015.

Shabecoff, Alice. *Der Gehorsam steht an erster Stelle. Alice Shabecoff über deutsche und amerikanische Kindererziehung*. Quelle: www.spiegel.de, zuletzt abgerufen am 12.12.2015.

Spieker, Michael (Hrsg.). *Ökonomische Bildung. Zwischen Pluralismus und Lobbyismus*. Schwalbach a. Ts.: Wochenschau Verlag 2015.

Standop, Jutta. *Werte-Erziehung. Einführung in die wichtigsten Konzepte der Werteerziehung*. Weinheim/Basel: Beltz Verlag 2005.

Statistisches Bundesamt/Wissenschaftszentrum Berlin für Sozialforschung (Hrsg.). *Datenreport 2013. Ein Sozialbericht für die Bundesrepublik Deutschland*. Bonn: Bundeszentrale für politische Bildung 2013.

Stöcklin-Meier, Susanne. *Was im Leben wirklich zählt. Mit Kindern Werte entdecken*. München: Kösel-Verlag 2003.

Täubner, Mischa. *Geld und Persönlichkeit.* Ein Interview mit Petra Bock. Quelle: hochschulanzeiger.faz.net, zuletzt abgerufen am 12.12.2015.

Thiele-Wittig, Maria. *Kompetent im Alltag: Bildung für Haushalt und Familie.* In: Aus Politik und Zeitgeschichte B 9/2003, S. 3–6.

Tough, Paul. *Die Chancen unserer Kinder. Warum Charakter wichtiger ist als Intelligenz.* Deutsch von Dieter Fuchs. Stuttgart: Klett-Cotta Verlag 2013.

Twain, Mark. *Tom Sawyers Abenteuer.* Deutsch von Gisbert Haefs. Frankfurt a. M./Leipzig: Insel Verlag 2011.

Unverzagt, Gerlinde. *Kinder und Konsum.* In: Henry-Huthmacher, Christine/Hoffmann, Elisabeth (Hrsg.). *Erziehung in der Wohlstandsgesellschaft. Aufwachsen mit Konsum und Medien.* Sankt Augustin/Berlin: Konrad-Adenauer-Stiftung 2013, S. 18–26.

Unverzagt, Gerlinde/Hurrelmann, Klaus. *Konsum-Kinder. Was fehlt, wenn es an gar nichts fehlt. Freiburg*: Verlag Herder 2001.

Valentin, Lienhard. *Achtsame Kommunikation mit Kindern. Es ist wichtig, dass sie sich gefühlt fühlen.* Quelle: www.arbor-verlag.de, zuletzt abgerufen am 12.12.2015.

Verband der Vereine Creditreform e. V. *SchuldnerAtlas Deutschland, Jahr 2013.* Quelle: www.creditreform.de, zuletzt abgerufen am 14.12.2015.

Verband der Vereine Creditreform e. V. *SchuldnerAtlas Deutschland, Jahr 2015.* Quelle: www.creditreform.de, zuletzt abgerufen am 14.12.2015.

Viacom International Media Networks. *„Little Big Influencers" – Viacom International Media Networks stellt neue Studie zum Einfluss von Kindern auf Kaufentscheidungen* *vor.* Quelle: www.viacom.de, zuletzt abgerufen am 13.12.2015.

Walper, Sabine/Bien, Walter/Rauschenbach, Thomas (Hrsg.). *Aufwachsen in Deutschland heute. Erste Befunde aus dem DJI-Survey AID:A 2015.* München: Deutsches Jugendinstitut 2015.

Walther, Daniela. *Tabus: „Schutzfunktion für einen bestimmten seelischen Haushalt".* Ein Interview mit Dr. Xaver Brenner. In: Zeitschrift BISS, Bürger in sozialen Schwierigkeiten 11/2005. Quelle: www.xaverbrenner.de, zuletzt abgerufen am 13.12.2015.

Watzlawick, Paul/Beavin, Janet H./Jackson, Don D. *Menschliche Kommunikation. Formen, Störungen, Paradoxien.* Bern: Verlag Hans Huber 2011, 12. Auflage.

Weingartner, Maximilian. *Die Kindheit prägt das Finanzverhalten.* Quelle: www.faz.net, zuletzt abgerufen am 13.12.2015.

Wergin, Clemens. *Die hysterische Kultur des Nanny-Staats USA.* Quelle: www.welt.de, zuletzt abgerufen am 12.12.2015.

Wertfein, Monika. *Emotionale Entwicklung von Anfang an – Wie lernen Kinder den kompetenten Umgang mit Gefühlen?* Quelle: www.familienhandbuch.de, zuletzt abgerufen am 11.12.2015.

Wunsch, Albert. *Die Verwöhnungsfalle. Für eine Erziehung zu mehr Eigenverantwortlichkeit.* München: Kösel-Verlag 2013, 14. Auflage.

Lesen Sie auch diesen Titel aus dem Cividale Verlag:

**Vernetzte Gesellschaft.
Vernetzte Bedrohungen**
Wie uns die künstliche Intelligenz herausfordert

Die Möglichkeiten zum Speichern, Transportieren und Auswerten von Daten wachsen rasant. Sie wecken den Wunsch, Freizeit und Arbeiten – das ganze Leben – vollständig virtuell abzubilden. Doch solche Wünsche verlangen von den Beteiligten besondere Fähigkeiten: Ein sich immer neu erfindendes Kriminalitätsfeld zielt auf die so abgebildeten Daten. Für jede personenbezogene Information wird gezahlt. Schon jetzt können wir das Dreieck aus Möglichkeiten, Wünschen und Fähigkeiten nicht mehr stabilisieren. Höchste Zeit, dass wir uns gegen die Bedrohungen wappnen, die unsere zunehmend vernetzte Gesellschaft hervorbringt, mahnt der Journalist und Datenschutzaktivist Joachim Jakobs.

Joachim Jakobs
**Vernetzte Gesellschaft.
Vernetzte Bedrohungen**
Wie uns die künstliche Intelligenz herausfordert
© Cividale Verlag, 2015
352 Seiten
ISBN 978-3-945219-15-7 (e|Book)
11,99 € (D), 11,99 € (A)
ISBN 978-3-945219-16-4
(gedrucktes Buch)
21,90 € (D), 22,60 € (A)

Weitere Informationen:
www.cividale.de

Ebenfalls in der Reihe Cividale aktuell erschienen:

Juhu, wir werden alt und bauen ab!
Arbeiten und Leben in Zeiten des Klimawandels

Eva Douma stellt ihre Bestandsaufnahme der Gegenwart mit Blick auf die Zukunft im Cividale Verlag vor.

In Bezug auf die Zukunft des Landes scheinen sich alle einig zu sein: man hätte, müsste, könnte, würde. Nur eins ist gewiss: Es läuft schlecht, wir werden zu alt, gehen zu unliebsam mit unserer Umwelt um, haben zunehmend weniger Geld und planen, leben, arbeiten, denken nicht nachhaltig genug – wir wirtschaften uns zu Grunde.

Um Zukunft zu gestalten, muss man im Jetzt ansetzen, ist sich die Autorin Eva Douma sicher. In „Juhu, wir werden alt und bauen ab! Arbeiten und Leben in Zeiten des Klimawandels" stellt sie, ausgehend von einer aktuellen Bestandsaufnahme, Ideen zur Zukunftsgestaltung vor, die zunächst ungewöhnlich klingen.

Ziel ist es, neben den ausgetretenen Wegen zu gehen und zu schauen, welche Alternativen an Arbeits- und Lebensformen es zukünftig geben wird. Ihre praktisch orientierte Abhandlung erscheint nun im Cividale Verlag.

Eva Douma
Juhu, wir werden alt und bauen ab!
Arbeiten und Leben in Zeiten des Klimawandels
© Cividale Verlag, 2015
296 Seiten
ISBN 978-3-945219-07-2 (e|Book)
9,99 € (D)
ISBN 978-3-945219-08-9 (Print)
19,90 € (D)

Weitere Informationen:
www.cividale.de

Lesen Sie auch diesen Titel aus dem Cividale Verlag:

Aristoteles. Politik
Mit einer Einführung von Andreas Lotz

Kann ein Gemeinwesen stabil sein, wenn die Unterschiede zwischen arm und reich zu groß sind? Wie wichtig ist ein breiter Mittelstand für einen funktionierenden Staat? Diese Fragen, die uns auch heute noch beschäftigen, gehören zum Rüstzeug, das uns Aristoteles in der „Politik" mit auf den Weg gibt.

Darüber hinaus behandelt er auch als erster Theoretiker grundsätzliche Fragen: Warum bilden Menschen Staaten? Welche Staatsformen gibt es und welches ist unter diesen die Beste? Wie sollte eine Verfassung aussehen? Diese zentralen Fragen des politischen Denkens stellte Aristoteles vor über 2.000 Jahren – und bis heute haben sie nichts von ihrer Faszination verloren.

Die Ausgabe enthält eine deutsche Fassung mit der aktuell gültigen Rechtschreibung sowie eine Einleitung, die an die Thematik heranführt. Eine Leseempfehlung für die wichtigsten Kapitel rundet das E-Book ab. Die Ausgabe richtet sich an alle, die sich für die Grundlagen unserer Gesellschaft interessieren und vermittelt die grundlegenden, noch heute aktuellen Gedanken des Textes für jene, die nicht gleich in den Originaltext eintauchen wollen.

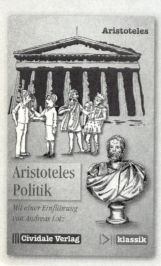

Aristoteles. Politik
Mit einer Einführung von
Andreas Lotz
© Cividale Verlag, 2015
ca. 480 Seiten, deutschsprachige
Ausgabe mit derzeit gültiger
Rechtschreibung.
Übersetzung: Eugen Rolfes
Lektorat: Carola Köhler
ISBN 978-3-945219-09-6 (e|Book)
5,99 € (D)

Weitere Informationen:
www.cividale.de